# 쇼펜하우어,
## 고통 속에 건네는 위로

※ 본문에 등장하는 '제2권 §57' 같은 표기는 쇼펜하우어 『의지와 표상으로서의 세계』의 원전 구조(1~4권과 각 조문 단위 §)를 기준으로 한 것이다.
인용된 문장은 원전의 핵심 구절을 직역하기보다는, 조문 단위 사상을 요약·의역한 형태를 사용하였다.
국내 번역본은 대부분 1권으로 통합되어 있지만, 독자가 철학적 맥락을 더 정확히 짚을 수 있도록 원전 표기를 병기하였다.

# 쇼펜하우어,
# 고통 속에 건네는 위로

삶은 견디는 것이지만, 그게 다는 아닙니다

시민K 지음

"나의 고통은 어떤 문장으로 설명될 수 있을까?"
고통을 관통한 자만이 쓸 수 있는 문장들
25개의 이야기, 25번 살아 있다는 증거

프롤로그 7

## 1장 견디는 삶에 대하여 12

삶은 고통이다 · 14
견딘다는 건 실패가 아니다 · 20
무기력은 감정이다 · 26
살아 있는 자의 고통 · 32
너무 오래 버텨온 당신에게 · 38

## 2장 혼란의 시대, 생각하는 인간 44

선동의 언어에서 벗어나는 법 · 46
질문이 멈춘 시대 · 52
타인의 목소리로 사는 사람들 · 58
침묵은 때론 무기가 된다 · 64
생각이 사라질 때, 삶은 무너진다 · 70

## 3장 외로움의 품격 76

고독은 감정의 훈련장이다 · 78

나 혼자 있어도 괜찮은 법 · 84
감정에도 거리두기가 필요하다 · 90
외로움이 나를 지킨다 · 96
오늘도 혼자인 나에게 · 102

## 4장   나 자신으로 살아간다는 것   108

도덕은 타인의 시선에서 시작된다 · 110
나는 나로 충분한가? · 116
타인의 기대에서 벗어나는 기술 · 122
선택은 나의 의지로 · 130
타인을 해치지 않고 나로 사는 법 · 138

## 5장   삶은 여전히 아름답다는 역설   144

아름다움은 관조 속에 있다 · 146
표현은 존재의 증거다 · 152
음악을 들을 때, 잠시 덜 아프다 · 158
희망이 아니라 감각이다 · 164
살아 있다는 건, 여전히 느낀다는 것 · 170

부록   175

# 프롤로그

### 견딘다는 건, 살아 있다는 뜻이다

요즘 들어 쇼펜하우어가 다시 주목받고 있습니다.

비관의 철학자, 고통의 사상가라고 불리던 그가 이 시대에 다시 읽히고 있다는 사실은 어쩌면 당연한 결과일지도 모릅니다. 우리는 어떻게든 견디고 버티며 하루하루를 살아내야만 하는 시대를 통과하고 있으니까요.

정신없이 돌아가는 뉴스, 나아질 기미가 보이지 않는 경제, 무엇이 옳은지조차 헷갈리는 거대한 담론들 속에서 아무도 우리에게 "그건 네 잘못이 아니야."라고 말해주지 않았습니다. 그럴수록 나는 철학이 왜 필요한지를 다시 떠올릴 수밖에 없었습니다.

물론 철학이 삶의 문제를 단번에 해결해 주지는 않습니다. 하지만 그 고통이 당신 탓만은 아니라는 사실을 알려줍니다. 그 말이 어쩌면 지금 우리에게 가장 필요한 위로 아닐까요?

그래서 이 책을 쓰기로 했습니다. 하루 한 꼭지, 짧지만 단단하게 사유할 수 있는 철학의 문장들로.

총 25개의 꼭지로 구성된 이 책은

① 우리의 삶에서 채집한 현실의 고통에서 출발해
② 쇼펜하우어의 철학을 근거로 고통의 원인을 분석하고
③ 그 고통을 낳은 사회적 구조로 시선을 확장한 뒤
④ 오늘 하루를 견디게 해줄 위로의 말로 마무리됩니다.

이렇게 4단 구성을 택한 이유는 단순합니다. 당신이 지금 힘든 게, 꼭 당신 탓만은 아니라는 것을 말하고 싶었습니다. 고통은 존재의 증거이고, 그 고통을 이해하는 순간에야 비로소 우리는 자신을 조금 덜 미워하게 되니까요.

그건 평생 글을 다루며 살아온 제 삶을 향한 고백이기도 합니다. 저는 기자, 잡지 편집장, 대중문화평론가, 광고기획자, 정치컨설턴트를 거쳐 장르소설 작가와 인문철학서 저자까지, 글을 쓰는 다양한 역할을 지나온 사람입니다. 스스로 '글쓰기 난민'이라 부르기도 합니다.

늘 글을 쓰고는 있었지만, 늘 불안했고, 늘 버텨야만 했습니다. 글쓰기는 사회의 안쪽에서, 혹은 시스템의 바깥에서 어떻게든 삶을 이어가기 위한 '수단'이었습니다.

그러던 어느 날, 모든 것이 멈추는 순간이 왔습니다. 아버지와 어머니가 거의 동시에 암 진단을 받았고, 그 무렵 갓난아기를 벗어난 딸은 '호중구 감소증'이라는 진단을 받았습니다. 한쪽은 생의 끝자락이었고, 다른 하나는 이제 막 시작된 인생이었습니다. 나는 그 중간에 서 있었습니다.

병원과 직장과 가정을 오가며 한쪽에서는 이별을 준비하고, 한쪽에서는 살아내기를 기도해야 했던 시간. 내가 할 수 있는 일은 아무것도 없었습니다.

대단한 믿음도, 특별한 능력도 없었던 나는 그저 조악한 문장이라도 써내는 것으로 그 시절을 버티고, 내 존재를 붙잡을 수밖에 없었습니다.

결국, 아버지와 어머니는 몇 년간의 투병 끝에 하나님의 부르심을 받으셨고, 다행히 딸은 긴 치료 끝에 완치되어 올해 초등학교에 입학했습니다. 한쪽은 슬픔, 다른 한쪽은 감사.

아이러니한 감정 속에서 나는 생각했습니다. 그래도 살아야 한다면, 그리고 살아내야만 한다면, 나는 계속 써야 겠다고….

그게 내가 할 수 있는 전부이자, 한편으론 전부가 아니기를 바라는 마음으로…. 그렇게 쓰는 일만이 남았을 때, 나는 전업 작가가 되기로 결심했습니다. 글을 쓰는 일이 생존의 조건이자, 삶의 중심이 된 것입니다.

하지만 이 책을 쓰게 된 진짜 계기는 어쩌면 그 이후였을지도 모릅니다.

계엄과 탄핵, 양극화와 혐오, 정치적 혼란이 극에 달한 한국 사회를 바라보며 '우리는 어디로 가고 있는 걸까' 묻게 되었고, 그 질문은 결국 나 자신에게로 돌아왔습니다.

세상이 요동치는데, 나는 어디로 가고 있었을까?

결국 아무 데도 가지 않았습니다.

격랑 속에서도 내 삶은 바뀌지 않았고, 나는 여전히 같은 자리에서, 같은 방식으로, 글을 써내며 묵묵히 하루를 살아내고 있었습니다.

그때 다시 쇼펜하우어가 떠올랐습니다.

그는 고통을 부정하지 않았고, 오히려 그것이 삶의 본질이라는 사실을 가장 단단하게 말해주던 사람이었습니다.

그리고 이상하게도, 그 단호한 인정이야말로 나를 다시 숨 쉬게 해줬습니다.

세상은 흔들려도, 고통을 받아들이는 방식만은 내가 선택할 수 있다는 걸 알게 해주었으니까요. 그래서 이 책은 당신에게 전하고 싶은 말이기도 하지만, 동시에 내 자신에게 전하는 말이기도 합니다.

이 책은 철학에 대한 해설이 아니라, 삶에 대한 작지만 진솔한 증언입니다. 당신이 무너지지 않고 여기까지 온 이유를, 철학의 언어로 말해보려는 시도입니다. 혹여라도 내 초라한 문장이 당신의 하루를 조금이라도 덜 아프게 해줄 수 있지 않을까.

그 바람 하나로, 오늘도 나는 씁니다.

그리고 난 확신합니다.

전업 작가로, 초등학생 딸아이의 아버지로, 한 집안의 가장으로 살아가는 일이 고되고 버거운 날도 많지만, 단 한 번도 그 삶을 비루하다고 여기지 않았듯이….

지금 어디에서 어떤 방식으로든 오늘을 견디고 있는 당신의 삶 또한, 절대 비루하지 않다고…. 그 말을 꼭 전하고 싶습니다. 그리고 바람을 담아, 조심스레 이 문장을 마지막에 덧붙입니다.

*"견딘다는 건, 살아 있다는 뜻입니다."*

# 1장 견디는 삶에 대하여

"삶은 끊임없는 고통이며,
고통을 피하는 일은 곧 삶을 포기하는 일이다."

『의지와 표상으로서의 세계』 제4권 §57 사상 中

: 삶이 고통이라면, 우리는 어떻게 살아야 할까?

쇼펜하우어는 말한다.
삶은 본질적으로 고통이라고.
그 고통은 피할 수 있는 장애물도, 특별한 경우의 예외도 아니다. 그것은 인간 존재의 바탕이며, 살아 있는 모든 순간에 스며 있다.
우리는 종종 고통을 실패로 오해한다. 고통 없는 삶이 정상이고, 아프지 않아야만 괜찮은 거라 여긴다.
하지만 쇼펜하우어는 이렇게 되묻는다.

"그렇다면 지금, 견디고 있는 삶은 실패한 삶인가?
무너지지 않고 하루를 버티고 있는 이 시간은 의미가 없는가?"

이 장에서는 '고통과 함께 살아가는 삶의 존엄'에 대해 묻는다.
말없이 자리를 지키는 것, 혼자서 하루를 버텨낸 것.
그 모든 시간이 고통의 반대편이 아니라, 고통 속에서 피어난 '존재의 증거'임을 이야기하려 한다.
삶은 고통이다.
하지만 고통을 견디는 우리는, 살아 있다는 사실을 잊지 않은 사람들이다.

## 삶은 고통이다

"삶은 고통과 권태 사이를 진자처럼 흔들린다.
그것이 삶을 구성하는 두 가지 본질이다."

『의지와 표상으로서의 세계』 제2권 §57 사상 中

오전 8시 23분. 서울 지하철 9호선.

출근길 열차 안은 이미 사람들로 가득 차 있다. 오늘은 유달리 사람들로 북적였다.

누군가는 눈을 감고 선 채 잠을 청했고, 누군가는 휴대폰 화면을 멍하니 내려다보고 있었다. 자리를 찾을 틈은 없었고, 누군가의 팔꿈치와 어깨, 가방이 어김없이 옆구리를 밀고 들어왔다.

남자는 백 팩을 앞으로 돌려 메고 손잡이를 꽉 쥐었다.

잡지 않으면 쓰러질까봐서가 아니라, 그 손잡이를 쥔 손에만 존재감이 남아 있었기 때문이다. 피곤한 것도, 힘든 것도, 지겨운 것도 익숙해진 지 오래다. 오히려 아무런 감정이 들지 않는 아침, 그게 더 낯설게 느껴질 뿐이다.

그 순간, 맞은편 창문에 남자의 얼굴이 비쳤다.

눈은 충혈돼 있었고, 입술은 굳게 다문 채였다. 표정은 이렇게 말하고 있는 듯했다.

'오늘도 무사히, 그냥 버티자.'

아무 일도 일어나지 않기를 바라는 하루. 그 하루가 어제와 다르지 않기를 바라는 마음. 그러나 바로 그 반복 속에서 어느 순간 문득 깨닫는다.

자신도 모르게 조금씩 마모되어 가고 있었다는 사실을.

그리고 그때 알게 된다.

이 아침, 자신과 함께 손잡이를 붙잡은 사람들 대부분이 어쩌면 자신과 비슷한 상태일지도 모른다는 것을.

### 고통과 권태 사이의 진자, '살아 있음'의 역설

쇼펜하우어는 인간을 '의지하는 존재'로 규정했다. 그의 철학에서 '의지'란 단순한 바람이나 소망이 아니다. 살아 있으려는, 쓰러져도 다시 일어나고 마모되어도 멈추지 않는 존재의 본능적 에너지다.

그 충동이 우리를 살아 있게 하지만, 바로 그 충동 때문에 우리는 결코 안식을 누리지 못한다.

욕망은 충족되지 않을 때 고통을 낳고, 충족되고 나면 곧 권태로 바뀐다. 이 두 감정 사이를 오가는 것을 쇼펜하우어는 '진자 운동'이라 불렀다.

아침 7시에 일어나, 지하철을 타고, 일을 하고, 다시 돌아오고, 하루의 끝에 겨우 침대에 눕는다. 다음 날 또 같은 일이 반복된다.

삶은 무엇 하나 뚜렷한 보상이 없이 계속되고, 어느 순간 우리에게 묻는다.

"…도대체 왜?"

이 질문에 대한 대답을 쇼펜하우어는 그 누구보다 명확하게 회피했다. 그는 다른 철학자들처럼 섣불리 구원을 말하지 않았다.

삶은 고통이니, 그 고통에서 벗어나려는 노력조차 헛되다고 담담히 말한다.

하지만, 바로 거기서 역설적이게도 이상한 위로가 시작된다.

삶이란 본래 고통이라는 사실이, 오히려 이상하게도 나를 안심시킨다.

'지금 내가 힘든 게 이상한 게 아니었구나.'

'이 세계는 원래 이렇게 설계되어 있었던 거구나.'

그 철학은 냉소가 아니라 정직함이다. 고통을 피하지 않고 똑바로 바라보는 것. 쇼펜하우어는 그렇게 '살아 있는 자의 숙명'을 정면으로 응시하게 한다.

## 아무 일도 일어나지 않았는데, 너무 힘들다

지하철 출근길.

손잡이를 꼭 쥔 채 멍하니 창밖을 보며, 사람들은 아무 말도 하지 않는다. 고개를 숙이고, 눈을 감거나 휴대폰을 만지작거릴 뿐이다. 아무도 울지 않지만, 어쩐지 모두가 슬퍼 보인다. 특별히 큰 사건이 일어난 것도 아니다. 회사에선 늘 하던 일이 반복됐고, 어제도 비슷한 하루였다.

그런데도 이상하게 버겁다. 숨이 턱턱 막히고, 누군가 "요즘 어때요?" 하고 묻기라도 하면 대답하기가 두렵다. 말을 꺼내는 순간, 눈물이 쏟아질까 봐.

'나는 도대체 왜 이렇게 지쳐 있는 걸까?'

그 이유를 설명하려 하지만 설명할 게 없다. 먹고 살기 위해 사는 거라고 하기엔, 삶이 너무 기계적이고 무의미하다. 그래서 사람들은 자신을 탓하기 시작한다.

'내가 너무 나약한 걸까?'

'왜 나는 남들처럼 못 견디는 걸까?'

'다들 이렇게 사는데, 나만 힘들다고 말해도 되는 걸까?'

그러나 그것은 결코 개인의 문제나 심리의 문제가 아니다.

쇼펜하우어가 말했듯, 인간 존재 자체가 원래 고통과 권태 사이를 오가는 생명체이기 때문이다.

누구에게나 닥치는 이 무기력과 공허함은, 살아 있기 때문에 겪는 당연한 감정이다. 의지라는 이름의 충동이 우리를 계속 살아가게 만들지만, 동시에 그 충동은 결코 우리를 만족시키지 않는다. 그래서 우리는 늘 목마르다.

기대는 점점 낮아지고, 감정은 점점 무뎌지고, 그래도 또 하루는 시작된다.

지하철 손잡이를 쥐고 있는 사람들. 그 손에는 사실, 어제도 버티고 오늘도 버티려는 간절한 마음이 매달려 있다.

### 그래도 오늘, 손잡이를 붙든 당신에게

어떤 고귀한 철학도 인간의 고통을 없애주진 못한다. 쇼펜하우어는 이 점에 주목하며 오히려 거꾸로 말했다. 삶은 고통과 권태 사이를 오가는 진자운동이며, 그 구조에서 완전히 벗어날 수는 없다고. 그렇다면, 우리가 할 수 있는 건 무엇일까?

간단하다. 이 구조를 이해하고, 그냥 받아들이는 것이다.

이것이 나의 나약함 때문이 아니라, 살아 있다는 것 자체가 감당하기 어려운 일이라는 걸 깨닫는 것. 그리고 그 안에서도, 내가 붙들 수 있는 단단한 무언가를 찾는 것이다.

지하철 손잡이 하나에도 그런 마음이 매달릴 수 있다. 그건 단지 균형을 잡기 위한 손동작이 아니라, 오늘 하루도 흔들리지 않기 위한 작은 의지의 표현일지 모른다.

누군가에게는 지루한 일상의 일부일지 몰라도, 누군가에게는 버티는 하루의 전부일 수 있다.

우리는 늘 흔들리지만, 그 흔들림 속에서도 다시 손을 뻗고, 균형을 잡고, 하루를 시작한다. 그래서 나는, 오늘도 손잡이를 붙들고 하루를 견뎌낸 당신에게 이 말을 꼭 전하고 싶다.

*"삶이 피할 수 없는 고통이기에, 오늘을 견딘 당신은 이미 꽤 근사한 하루를 산 것이다."*

## 견딘다는 건 실패가 아니다

"자신의 고통을 견딘다는 것은,
무언가에 저항하지 않고 받아들인다는 점에서 숭고하다."

『의지와 표상으로서의 세계』 제2권 §68 사상 中

서울 외곽의 도로 위, 운전석에 앉은 여자는 방향지시등도 켜지 않은 채 멍하니 운전대를 잡고 있었다. 아이를 영어학원에 내려주고 돌아오는 길, 시계를 보니 저녁 9시 25분이다. 오늘 하루도 또 이렇게 가나 싶었다.

차창 밖으론 붉은 신호등이 깜빡이고, 맞은편에선 배달 오토바이가 빠르게 지나갔다. 여자는 브레이크에서 발을 떼지 않은 채 핸들 위에 턱을 괴었다. 시동은 켜져 있었지만, 라디오는 꺼져 있었다. 음악이든 뉴스든, 뭔가를 듣는 것조차 버거웠다. 라면 사 오라는 남편의 문자가 도착했지만, 읽지 않은 채 화면을 꺼버렸다. 학원 수업이 끝나려면 아직 45분이 남았다.

'이대로 잠깐 카페에라도 들어가 있을까?', 생각했지만 그러지 않았다. 마음의 여유가 없어서가 아니라, 그냥 어디에도 들어가고 싶지 않았다. 아무도 없는 차 안에서 이대로 그냥 숨만 쉬고 싶었다.

오늘 하루도 어제와 같았다. 일도 하고, 아이 숙제도 봐주고, 장도 보고, 팀장한테는 한 소리도 듣고, 결국 이 밤까지 와 버렸다.

그때, 옆 차선에 정차한 SUV 차량이 눈에 들어왔다. 뒷좌석에 앉은 아이가 손에 뭔가를 흔들며 웃고 있었다. 그 옆자리, 여자 또래쯤 되어 보이는 엄마는 고개를 떨군 채 눈을 감고 있었다. 그녀, 몹시도 피곤해 보였다. 잠깐 마주친 그 장면에서 이상하게도 자기 얼굴이 겹쳐 보였다.

'누가 시킨 것도 아닌데, 왜 이렇게 사는 걸까.'

여자는 흘끗 조수석을 보았다. 비닐봉지에 담긴 아이 운동화, 구겨진 학원 공지문, 마시다 남은 음료 컵. 딱, 그녀의 모습이었다. 그리고 문득 그런 생각이 들었다.

'내가 지금 이러고 있는 게, 맞는 건가?'

말로 꺼내보지 못한 질문이 오래전부터 마음 한구석에 있었던 것처럼. 그러나 아무도 묻지 않았고, 아무도 답해주지 않았다.

신호가 초록색으로 바뀌었다. 여자는 천천히 가속페달을 밟았다. 그 밤, 어둠이 길었고 라디오는 여전히 꺼져 있었다.

### '의지'는 누군가를 위해 살게 되는 감정이다

쇼펜하우어에게 '의지'란 단순한 욕망이 아니라 살아 있으려는 본능 그 자체다.

숨 쉬고, 움직이고, 견디는 것. 그것이 바로 존재의 증명이다.

그런데 대한민국에서 워킹맘이라는 이름으로 살아간다는 건, 그 의지를 자기 자신을 위해 쓰지 못한 채 늘 타인을 위해 동원된 상태로 살아간다는 걸 의미한다.

아이의 등·하원 시간을 기준으로 하루를 설계하고, 집안의 사소한 균형을 유지하기 위해 늘 감정을 조율하고, 직장에선 "죄송합니다."와 "괜찮습니다."를 번갈아 말하며, 누군가를 지키기 위해 자신을 비워낸다.

그런데 바로 거기서, 쇼펜하우어의 말이 기이하게 설득력을 갖는다.

"의지는 고통을 낳고, 충족되어도 권태로 이어진다."

이 말은 단지 존재론이 아니라, 여성의 하루에 대한 해석처럼 들린다.

그녀는 멈추지 않는다. 고통을 멈추려 하지도 않는다. 다만, 자신이 왜 이렇게 살아가는지를 이해받고 싶고, 의미를 갖고 싶다.

그리고 여기서 중요한 전환이 일어난다.

쇼펜하우어는 '삶을 견딘다는 것 자체가 하나의 자각'이라 했다.

그녀는 실패한 게 아니다. 어떤 거창한 '성취'를 하지 않았을 뿐이지, 삶이라는 무게를 내려놓지 않는 중이다. 그건 결코 '비겁한 회피'가 아니라, '감당이라는 능력'이다. 그것이 바로 '의지'의 또 다른 얼굴이며, 지금 그녀가 가장 잘하고 있는 일이다.

### 왜, 우리는 견디는 삶을 '미완'이라 여기는가?

이 사회는 '성공한 삶'의 이미지를 끝없이 보여준다. 누군가는 일에서 성과를 내고, 누군가는 육아도 완벽히 해낸다.

인터뷰 기사에는 '육아와 일, 둘 다 포기하지 않았다.'라는 문장이 익숙하고, SNS 속 사진들은 늘 정돈된 식탁과 활짝 웃는 아이의 행복한 얼굴로 가득하다.

그러나 쇼펜하우어라면 이렇게 말했을 것이다.

"행복은 환상이다. 의지는 절대 멈추지 않으며, 우리는 늘 불만족 속에 살아간다."

워킹맘이 매일 부딪히는 이 피로는 단지 시간이 부족해서도, 체력이 약해서도 아니다. 그녀는 끊임없이 판단을 요구받고, 가족을 위한 의사결정을 하며, 직장에선 늘 '감정적으로 괜찮은 사람'으로 보이기 위해 진짜 감정을 억제한다.

그녀가 '나 자신'으로 있을 수 있는 시간은 하루 중 30분도 되지 않는다. 하지만 사람들은 그 삶을 '견디는 중'이라 말하고, 거기에 어떤 결핍이나 미완성 같은 이미지를 덧씌운다.

그런데. 견딘다는 건 왜 실패처럼 보이는가? 왜 우리는 '버티고 있는 사람'을 아직 도달하지 못한 존재처럼 취급할까? 이 질문에 대한 대답은 사회의 '의지 프레임'에 있다. 의지는 곧 성과와 생산성으로 환산되기 때문이다.

그러나 쇼펜하우어는 그 틀을 깨부순다.

"살아 있으면서 아무것도 바라지 않는 것, 그것이 가장 근원적인 평화다."

지금 그녀가 하는 일. 바로 오늘을 '무사히 보내는 것'. 그것은 어떤 성취보다도 어렵고 가장 위대한 일일 수 있다.

### 오늘도 무사히 돌아온 당신에게

아이를 학원에 데려다주고 돌아오는 길, 조용한 차 안에서 그녀는 아무 말도 하지 않았다. 등받이에 기댄 채 두 손으로 운전대를 붙잡고 있었다. 손끝엔 힘이 들어가 있었고, 입술은 굳게 달혀 있었다. 그녀는 분명히 지쳐 있었다. 누구에게 보여줄 것도 아니고, 누구의 칭찬도 필요하지 않은 하루. 다만 자기 자신에게 지지 않기 위해 끝까지 버틴 하루. 세상은 그런 하루를 '그저 그런 날'이라 부를지도 모른다.

쇼펜하우어가 그녀 옆에 있었다면 이렇게 말했을 것이다.

"말하지 않고 견디는 삶이야말로, 가장 고귀한 의지다."

성취도, 완성도, 결과도 없이 그저 하루를 무사히 지켜낸 당신은 실패한 게 아니다. 그러니, 당신은 오늘 이런 말을 들을 자격이 충분하다.

"오늘 당신은 아무도 몰래 세상을 이겨냈다."

## 무기력은 감정이다

"모든 고통은 의지의 충돌에서 비롯되며,
무기력은 그 의지가 스스로를 포기하려 할 때 생기는 감정이다."

『의지와 표상으로서의 세계』 제2권 §57·§68 통합 해석

방금 어린이집에 아이를 보낸 여자가 거실에 앉아 노트북을 켰다. 어제도, 그제도, 일주일 전에도. 시간이 날 때마다 이력서 파일을 열었지만, 쉽사리 빈칸을 채우지 못했다.

경력 단절 7년 차. 세월의 공백을 메울 만한 말이 떠오르지 않았다. 눈앞의 이력서 항목은 여전히 똑같았다.

'자기소개: 1,000자 이내.'

커서를 올려놓았지만, 여전히 손가락은 움직이지 않았다. 최근 경력란에 적을 수 있는 건 육아뿐이었다. 하루하루를 전쟁 치르듯 보냈고, 쉴 틈도 없었지만, '최근 무엇을 했는지' 묻는 문장 앞에서는 모든 시간이 멈춰 있는 듯했다. 그러니까, 그들에게 그녀는 무의미하거나 존재하지 않는 시간을 보낸 사람이었다.

얕은 한숨을 내쉬며 시선을 돌려보았다. 부엌 싱크대에는 밀린 식기가 쌓여 있고, 거실 한쪽에는 아이 책가방이 놓여 있었다.

햇빛이 거실 바닥을 느릿하게 가로질렀다. 시간은 흐르는데, 자신만 그 자리에 멈춘 듯했다.

그녀는 키보드 자판 위에 얹은 손을 천천히 내려 책상 밑으로 밀어 넣었다.

'그만하자.'

입 밖으로 꺼내진 않았지만, 머릿속에서 그 문장이 맴돌았다. 지금 자신이 느끼는 이 상태가 나태인지, 우울인지, 아니면 그냥 피로감인지 정확히 구별되지 않았다.

다만, 분명한 건 하나.

그 어떤 말로도 시간의 공백을 메울 자신이 없었다는 점이었다.

### 무기력은 죄가 아니라 당연한 감정이다

우리는 흔히 '의욕 없음'을 죄처럼 여긴다. 아무것도 하기 싫은 날이면, 자신을 나약하다고 자책한다. 하지만 쇼펜하우어의 철학은 이 통념에 정면으로 반론을 제기한다.

쇼펜하우어는 무기력은 의지 부족의 결과가 아니라, 오히려 의지가 지나치게 작동한 끝에서 생겨나는 감정이라 말한다.

인간은 본능적으로 끊임없이 원하고, 더 나아가고, 더 잘하고, 더 의미 있어야 한다는 충동에 시달린다. 그러나 이 과잉된 욕망이 현실과 충돌하고 반복해서 좌절될 때, 인간은 고통 끝에 의욕도 방향도 잃은 채 멈춰 서게 된다.

우리가 느끼는 무기력은 바로 그 지점에서 비롯된다. 이 감정은 게으름이 아니라, 너무 오래 버틴 끝에 찾아오는 붕괴의 징후다.

쇼펜하우어는 인간의 의지를 멈출 수 없다고 했지만 그렇기에 의지를 스스로 내려놓는 용기, 그 순간이야말로 철학이 시작되는 첫 자리가 된다고 보았다.

이력서 앞에 앉아 있는 그녀는 지금 실패한 게 아니다. 그저, 너무 오래 혼자 끌어왔던 삶이 잠시 멈춰 선 것이다. 그건 부끄러움이 아니라, 그만큼 오래 견뎌왔다는 증거다.

### 공백은 개인이 만든 게 아니다

'경단녀'라는 단어는 짧다.

그러나 그 세 글자 안에는 임금 격차, 돌봄 책임, 조직의 배제, 사회적 시선이 겹겹이 들어차 있다. 누구도 그만두라고 하지 않았고, 누구도 돌아오라고 하지 않았다. 이 공백은 선택의 결과가 아니라, 사회가 책임을 떠넘긴 자리에서 생긴다.

돌봄은 여성의 몫이라는 관습, 복귀를 위한 제도의 부재, 불문율처럼 굳은 채용 관행. 그것들이 이 긴 정적을 만들었다.

재취업 관련 커뮤니티에는 늘 '자신감'과 '열정' 같은 단어가 떠다닌다.

하지만 하루에도 수십 번 자존감을 아래로 조정하고, 사회로부터 한발 물러나 있던 시간에서 다시 누군가의 평가를 견딜 준비를 하는 일은 그 자체로 고통이다. 그리고 그 고통의 가장 밑바닥에서 등장하는 감정이 바로 무기력이다.

이 감정은 의지 부족이 아니라, 방향을 잃은 에너지의 잔재다.

그녀는 지금 '하지 않음'을 선택한 게 아니라, '할 수 없음'을 받아들이는 중이다. 그건 멈춤이 아니라 다시 시작하기 위한 간헐적 정지 상태다. 그 시간은, 잃어버린 자신을 회복하는 숨 고르기이다.

## 지금 멈춰 있는 당신에게

그날, 그녀는 결국 이력서를 제출하지 않았다. 파일을 닫고, 거실 등을 끄고, 커튼을 걷어 햇살을 보았다.

책상에서 일어나 싱크대 앞에 멈춰 섰다. 그 순간 그녀는 어떤 결정도 내리지 않았다.

…그저, 거기 있었다.

세상은 그런 날을 아무 의미 없다고 말할지도 모른다.

하지만 쇼펜하우어가 그녀 옆에 있었다면 아마 이렇게 말했을 것이다.

"삶은 절대 멈추지 않는다. 가장 조용한 침묵 속에서도 우리는 여전히 살아 있는 중이다."

우리는 흔히 타인에게 보이는 '특별한 행동'이 있어야만 살아 있다고 느낀다. 하지만 가끔은 아무것도 하지 않는 시간이야말로, 삶이 우리를 숨 돌리게 해주는 유일한 여백일지도 모른다.

당신은 게으른 게 아니다. 낭비한 것도 아니다. 그저 지금은 더 길게 살아남기 위해 잠시 멈춰 선 것이다. 그 정지는 결함이 아니라, 회복을 위한 준비다.

그러니 오늘, 아무것도 하지 않은 당신에게 나는 감히 이 말을 전하고 싶다.

"움직이지 못한 게 아니라, 오늘은 쉬어야만 했던 거다."

## 살아 있는 자의 고통

"사랑은 고통의 원인이며,
연민은 고통을 받아들이는 방식이다."

『의지와 표상으로서의 세계』 제2권 §67 사상 中

욕실은 적당히 따뜻했지만, 물을 적신 수건이 자꾸 식었다. 노모의 등을 닦던 손끝이 서늘해지자, 수건을 다시 뜨거운 물에 담갔다. 하루 두 번. 어느덧 몇 달째 이어진 그녀만의 루틴이었다. 처음에는 어색했지만, 이제는 꽤 익숙했다. 아니 익숙해졌다는 말이 무색하다. 이제 그녀는 엄마의 등을 닦는 감각으로 하루의 흐름을 가늠할 정도가 됐으니까.

언제부터인지 이 시간은 누구도 알아주지 않는 의무이자 의식이 되었다. 한 번도 "고생한다."라는 말을 들어 본 적은 없지만, 그녀는 오늘도 습관처럼 엄마의 등을 닦는다.

지난 몇 개월 동안 하루도 빠짐없이 반복한 일이지만, 신기하게도 엄마의 등은 점점 좁아졌고, 조금 더 거칠어졌다. 마치 오랜 시간 말없이 버틴 나무껍질 같았다. 그녀는 어릴 적 자신의 등을 쓸어주던 엄마의 손길을 떠올렸다.

열이 펄펄 끓던 어느 겨울밤.

그녀는 얇은 내복 하나만 입은 채 누워 있었고, 엄마는 물수건으로 밤이

새도록 그녀의 등을 반복해 닦아주었다.

"조금만 참자, 우리 수연이, 곧 괜찮아질 거야."

엄마의 손이 등 위에 머무는 순간마다 그녀는 엄마의 체온을 느끼며 안심했고, 덕분에 고열에도 숨을 고를 수 있었다. 하지만 세월은 무상했다. 이제 그녀를 어루만졌던 엄마의 손은 힘이 빠졌고, 그 자리를 대신해 그녀의 손이 엄마의 등에 닿을 차례가 되었다. "엄마, 좀만 돌아봐." 말을 건넸지만, 대답은 없었다. 노모는 고개만 살짝 움직였을 뿐, 예전처럼 농담도 타박도 없었다. 그녀는 젖은 수건을 다시 등 위에 얹고 조심스럽게 쓸어내렸다.

순간, 그녀는 시간이 더 이상 서로의 존재를 확인하는 시간이 아니라는 걸 직감했다. 그녀의 말에 반응했던 엄마는 없었고, 그저 손만 일방적으로 움직이고 있었다.

엄마는 말 대신 숨으로, 감정보다는 반사적인 몸짓으로 하루를 견디고 있었다. 그녀의 손은 여전히 당신의 등에 머물러 있었지만, 그 온기가 더는 어디에도 닿지 않는 것 같았다. 표정도, 말도 돌아오지 않는 시간 속에서 그녀의 손끝이 머문 건 피부였지만, 그녀가 마주한 건 더 이상 이어지지 않는 마음의 온도였다.

등을 마주한 건 분명 엄마였지만, 그 자리에서 더 외로워지고 있었던 쪽은 그녀였다.

### 사랑은 타인을 향한 의지이고, 고통은 그 의지의 결과다

쇼펜하우어는 사랑을 감정이 아니라, '의지'의 방향이 바뀌는 일이라고 말한다. 여기서 말하는 의지란 단순한 욕구나 의도가 아니라, 인간이 살아 있다는 것 자체를 이미 하나의 '의지'라고 본 것이다. 더 살고 싶고, 덜 고통 받고 싶고, 어떤 형태로든 계속 존재하고 싶어 하는 근원적인 힘.

그게 쇼펜하우어가 말하는 '의지'다.

사랑은 바로 그 의지가 자기 자신을 향해 있던 흐름을 멈추고, 어느 순간 다른 사람의 고통이나 안녕에 반응하기 시작할 때 생긴다.

그녀는 매일 같은 시간, 같은 동작으로 엄마의 등을 닦았지만, 그 손끝에는 단 한 번도 같은 감정이 머물지 않았다. 진짜 사랑은 기쁨보다 고통을 먼저 알아차리게 하고, 그 고통이 곧 내 안에서 일어나는 감정처럼 느껴진다.

자기 자신을 향해 있던 마음이 어느 순간부터는 누군가의 아픔에 먼저 반응하게 되는 상태. 그게 바로 사랑이다. 그리고 그 사랑이 깊어질수록 우리는 상대의 고통 앞에서 그 고통을 막을 수도, 대신할 수도 없다는 사실과 마주하게 된다. 그때 비로소 사랑은 연민이라는 이름으로 바뀐다.

쇼펜하우어가 말한 연민은 단순히 안쓰러워하는 감정이 아니라, 고통을 함께 짊어지려는 의지의 움직임이다.

그러나 그 의지는 결코 아름답거나 찬란하지 않다.

노모의 등을 닦던 손이 무거웠던 이유는, 그저 돌보고 있었기 때문이 아니라 그 순간에도 무력하게 엄마의 소멸을 지켜보고 있었기 때문이다. 그 무력함은 의지의 끝이 아니라, 의지의 절정에서 느끼는 고통이다.

사랑하는 사람을 위해 아무것도 할 수 없다는 자각은 삶의 의지를 품은 자만이 느낄 수 있는 가장 깊은 고통이다.

쇼펜하우어는 말한다.

"사랑은 고통을 만든다."

그리고 그 고통은 살아 있는 자만이 감당할 수 있다.

### 돌봄은 사랑이라는 말로 꾸며진 의무다

'가족이니까.'

이 말은 얼핏 '위로'처럼 들리지만, 돌봄의 현장에서는 '명령'처럼 작동한다. 부양의 책임은 대부분 딸이나 며느리에게 돌아가고, 그 책임은 가족 간의 '사랑'이라는 이름으로 무기명으로 분배된다.

노인을 요양원에 보내는 건 죄책감이고, 집에서 모시는 건 당연한 도리로 간주한다.

하지만 그 '당연함'의 이면에는 지속 가능한 구조도, 제도도, 나눔도 없다. 자신을 지운 채 타인의 삶을 떠맡는 일. 그건 사랑이 아니라 돌봄이라는 이름으로 개인을 소진하게 하는 방식이다.

등을 닦던 그 순간, 그녀는 자신을 위해 살지 않았다. 하지만 누구도 그걸 '노력'이라 인정하지 않았고, 그 시간은 칭찬도 위로도 없이 그저 해내야만 하는 일로만 남았다.

사랑은 말이 아니라 행동으로 증명돼야 한다고들 말한다. 쇼펜하우어는 그 순간을 '자기 의지가 타인을 향해 움직이는 일'이라 설명했다. 감정이 아니라, 고통을 감당하려는 한 사람의 결심. 돌봄이란 결국, 살아 있는 자만이 끝까지 떠안는 사랑의 무게였다.

### 사라지지 않았다는 사실 하나로, 우리는 충분하다

돌봄의 시간은 길고, 침묵은 무거우며, 보상은 없다. 하지만 그 시간을 견디는 동안 한 가지는 분명해진다. '아직 나는 사라지지 않았다는 것.' 고통이 있다는 건 살아 있다는 뜻이고, 무거운 마음으로 타인을 어루만진다는 건 아직 내가 누군가에게 닿을 수 있다는 증거다.

사랑은 결국 고통의 이름이었고, 연민은 그 고통을 끝까지 감당하려는 이의 의지였다.

오늘 당신이 노모의 등을 닦았다면, 그건 사라짐이 아니라 살아 있음의 가장 조용한 방식이다. 작아졌더라도 괜찮다. 당신이 여전히 누군가를 위해 존재하고 있다면, 오늘도 충분히 잘 살아낸 것이다.

쇼펜하우어는 사랑을 고통의 원인이라 했지만, 그 고통을 느끼는 존재야말로 의지를 가진 생존자라 말했다.

지금 당신이 느끼는 피로와 외로움, 작아짐, 그리고 남몰래 흘리는 눈물은 누군가를 향한 의지가 당신 안에 여전히 살아 있다는 증거이다. 그러니 오늘 당신이 아무 일도 하지 못한 채 노모의 등만 닦았다고, 마음이 무거울 이유는 없다.

그 무거움은 사랑의 무게이자, 존재를 지우지 않으려는 마지막 저항일지 모른다. 또한 사랑하는 자만이 할 수 있는 가장 조용한 용기이며, 살아 있는 자만이 끝까지 감당하는 고통의 이름이다.

오늘도 그렇게 사라지지 않고 견디고 있는 당신에게 이 말을 남긴다.

"작아져도 괜찮다. 사라지지 않았다면, 오늘도 당신은 잘 살아낸 것이다."

## 너무 오래 버텨온 당신에게

"고통은 인간 존재의 본질이며,
우리는 그것을 회피하는 대신 감내할 수 있을 뿐이다."

『의지와 표상으로서의 세계』 제4권 §56 사상 中

거실 탁자 위엔 크레파스와 젖병, 반쯤 접힌 동화책이 흩어져 있었다.

텔레비전에선 볼륨을 낮춘 만화 영상이 반복 재생되고 있었고, 미처 치우지 못한 장난감 하나가 의자 밑에 굴러가 있었다.

그녀는 둘째를 겨우 재우고 거실로 나왔다. 첫째는 머리가 살짝 젖은 채로 소파 끝에 기대 졸고 있었다. 엄마가 동생을 재우고 나오길 기다린 모양이었다. 괜히 마음이 짠해진 그녀는 조심스레 아이를 안아 들고 방으로 데려갔다.

아무 일도 일어나지 않은 밤이었다. 그런데도, 그녀는 문득 울고 있었다. 아무 소리도 없이, 들키지 않게.

소리 없는 울음.

아이가 깰까 봐, 혹은 누군가 들을까 봐는 아니었다. 그저 너무 오래 참아왔기 때문에, 울음조차 이제는 조용히 흘러야만 할 것 같아서였다.

그녀는 물 한 잔 들이켠 뒤, 조용히 부엌 싱크대 앞에 섰다. 그제야, 미뤄뒀던 하루가 그녀를 따라잡았다.

아침에 울던 둘째를 달래느라 늦은 출근, 회사에서 팀장이 건성으로 던진 한마디.

"육아는 네 선택이잖아."

퇴근길엔 어린이집 준비물 사느라 또 한 번 카드를 계산하며 한숨을 쉬었고, 집에 와선 쏟아지는 아이들 옷을 세탁기에 돌리며 겨우 씻겨 눕혔다. 그러고 나서야 조용해진 부엌에서 문득 생각이 들었다.

'오늘 하루, 난 또 누구를 위해 살았지?'

그러자 그 모든 걸 꾹 누르고 있던 마음이 무너졌다.

그게, 결국 그녀를 무너뜨렸다. 어찌 보면, 무너진 게 아니었다. 그녀는, 그냥 너무 오래 버티는 중이었다.

## 견딘다는 것은 살아 있음의 방식이다

쇼펜하우어는 고통을 삶의 본질로 보았다. 그리고 인간이란 존재는 그 고통을 벗어나는 것이 아니라, 감내하는 방식으로 살아간다고 말했다.

하지만 그는 그 감내를 단순한 인내나 미덕으로 치켜세우지 않았다. 오히려 '버틴다'라는 행위의 본질을, 삶을 향한 의지의 발현이라 설명했다.

쇼펜하우어가 말한 '의지'란 그저 살아남으려는 본능이 아니다. 그것은 '삶 그 자체'로서의 힘, 고통에도 불구하고 자신을 잃지 않으려는 지속의 힘이다.

그는 인간이 스스로 해체하지 않고 살아 있는 채로 고통을 겪는 행위, 즉 '감정이 남아 있는 채로 견디는 행위'를 가장 고통스러운 동시에 가장 고귀한 행위로 보았다. 그래서 그는 말한다.

"슬퍼하지 않는 사람은 위로받을 수도 없다."

무감각은 끝이지만, 고통은 아직 살아 있다는 증거다. 그리고 그 고통을 말없이 끌어안고 매일 반복하는 이들의 삶이야말로, 세상의 이론보다 먼저 이해받아야 할 삶이다.

철학은 그들에게 질문을 던지는 것이 아니라, 가장 먼저 그들의 고통 곁에 머무는 것에서 시작돼야 한다. 아이 앞에서 웃는 얼굴을 유지하고, 가계부 앞에서 숫자를 정리하고, 주말마다 장을 보고, 하루를, 일주일을, 한 달을, 일 년을, 그리고 평생을 버텨내는 사람들. 그들의 삶에는 위대한 서사도 없고 박수 쳐주는 사람도 없지만, 그 자체로 '살아 있는 철학'이다.

## "그냥 견디는 중입니다." 이 시대의 인사말이 되다

오늘날, '버티는 삶'은 개인의 의지가 아니라 사회가 만든 생존 매뉴얼에 가깝다. 육아휴직을 쓴다는 말에 '팀 분위기'를 먼저 떠올리고, 퇴사를 고민하면서도 이직 공백이 두려워 오늘 하루를 또 넘긴다. 정서적 탈진을 겪고서도 '정신력이 부족한 탓'이라며 자책한다.

우리 사회는 '고통을 말하는 사람'을 민폐로 취급하고, 고통을 삼키는 사람만을 성숙한 어른으로 여긴다. 버티는 것은 점점 더 개인화되었고, 구조는 침묵했다.

회사는 '가족 같은 분위기'를 내세우지만 돌봄의 공백은 온전히 부모에게 맡겨지고, 지역 사회는 해체되었으며, 공공 제도는 여전히 최소치만의 편의를 제공한다. 그리하여 우리는 언제부턴가 '지쳐도 말하지 않는 법'을 배워야 했다.

정신 건강을 언급하는 것조차 '루저'의 낙인을 감수해야 하고,

쉬어가는 삶을 선택하는 순간 '의지가 약하다'는 시선을 감내해야 한다. 그래서 이 시대의 수많은 부모, 자영업자, 비정규직, 간병인, 청년, 중년, 노년들은 그저 '버틴다'라는 말을 삶의 거의 모든 영역에서 자동응답처럼 내뱉는다.

우리 사회에서 버틴다는 건 생존의 다른 표현이다.

차마, '오늘도 살아 있다.'라고 말할 수 없을 때, 사람들은 대신 이렇게 말한다.

"그냥, 버티고 있어요."

## 당신은 이미 충분히 잘해왔다

누군가는 말한다.

아무것도 하지 못한 날은 의미 없는 하루라고. 하지만 당신은 안다. 그날은 다만, 아무 말도 없이 버텨야만 했던 하루였음을.

오늘, 당신이 어떤 결정을 미루고 어떤 일도 하지 못한 채 시간을 흘려보냈다고 해도, 그건 '게으름'도 '패배'도 아니다. 단지, 너무 오래 버텨온 당신이 잠시 멈추어야 했던 시간일 뿐이다.

쇼펜하우어는 말한다.

"삶은 고통이다. 그러나 그 고통을 인식하는 자는 살아 있는 자다."

　당신이 힘들다는 사실을 느끼고, 그 고통 속에서도 누군가를 생각하며 하루를 견뎠다면 그것만으로도 이미 충분히 잘 살아낸 것이다.
　그래서 나는 이 말을 꼭 남기고 싶다.
　오늘을 버틴 당신에게, 그리고 자신을 잊지 않길 바라는 당신에게.

　*"나는 아직 살아 있다. 그리고 이 고통은 내가 버티고 있다는 증거다."*

## 2장 혼란의 시대, 생각하는 인간

"우리는 보지 않는 것을 믿고, 믿는 것을 의심하지 않는다.
생각 없이 받아들인 신념은 가장 위험한 것이다."

『의지와 표상으로서의 세계』 제1권 §5 사상 中

: 사고하지 않는 시대, 어떻게 주체로 살아갈 수 있을까?

쇼펜하우어는 말한다.
사유는 인간을 인간답게 만드는 최소한의 조건이라고.
하지만 오늘날 우리는 질문을 멈춘 시대를 살아간다. 매일 쏟아지는 정보의 홍수 속에서 생각 대신 반응하고, 숙고 대신 공유하며, 타인의 판단을 나의 신념처럼 착각한다. 이 시대의 가장 조용한 절망은 '스스로 생각하지 않는 삶'이다.
선동은 더 정교해졌고, 침묵은 회피가 되었으며, '나'라는 존재는 여론과 기준 속에 녹아 사라진다. 그러나 쇼펜하우어는 경고한다. 진짜 불행은 외부에서 오지 않는다고. 사유를 포기한 존재는, 이미 자신을 포기한 것이나 다름없다고.

이 장에서는 '질문하고 사유하는 존재로 살아남는 법'을 묻는다.
내 생각은 정말 내 것인가?
나는 지금 무엇을 의심하고 있는가?
생각을 멈춘 순간, 우리는 타인이 만든 세계에 갇히게 된다. 그러므로 이 장은 사고의 흔적을 되찾는 시간이며, 침묵과 질문 사이 자신을 지키는 내면의 언어를 회복하려는 시도이다.
생각하는 인간만이 시대를 넘어선다. 그리고 지금, 그 첫 문장을 다시 꺼내야 할 때다.

"왜, 우리는 이렇게 살고 있는가?"

## 선동의 언어에서 벗어나는 법

"진리를 외면하는 사람은 그것이 거짓말이라는 이유보다,

그것이 불편하기 때문인 경우가 많다."

『의지와 표상으로서의 세계』 제1권 §5 사상 中

남자는 퇴근하자마자 소파에 몸을 던졌다. 식사는 미뤘다. 텔레비전도 켜지 않았다. 그의 손은 곧장 휴대폰으로 향했고, 엄지손가락은 아무 생각 없이 매일 보던 뉴스 앱을 눌렀다.

정치 기사, 경제 기사, 연예 기사, 그리고 댓글.

기사는 대충 읽고, 댓글은 정독했다. 때론 기사보다 댓글이 더 솔직한 것처럼 느껴졌다.

'사람들이 이렇게 분노한다는 건 뭔가 있는 거겠지.'

그는 그렇게 믿었다. 그날도 그랬다. 어떤 정치인의 발언을 다룬 기사였

다. 댓글은 이미 한 방향으로 기울어져 있었다.

    욕설, 조롱, 확신, 분노, 그리고 무수한 '좋아요'.

    그는 잠시 멈췄다. 문득 이런 생각이 들었다.

    '근데… 이 말, 진짜로 문제가 있는 건가?'

    하지만 그 순간, 자신의 질문이 너무 이질적으로 느껴졌다.

    '좋아요' 수가 4천 개가 넘은 댓글 아래에서, 그 질문은 왠지 위험해 보였다. 그래서 다시 스크롤을 내렸다.

    다수의 분노 속에, 자신의 의심은 너무 조용했다.

### 선동은 감정에 호소하고, 철학은 의심에 멈춘다

쇼펜하우어는 인간을 '이성적 동물'이 아니라, '의지를 가진 존재'로 보았다. 그는 인간의 판단이 이성보다 감정, 특히 불쾌와 분노 같은 즉각적인 반응에 더 쉽게 지배된다고 말한다. 그래서 선동은 언제나 인간의 의지를 자극하는 방식으로 작동한다.

논리보다 불쾌함, 사실보다 분노.

오늘날 뉴스 댓글은 거울이 아니라 확성기다. 생각을 반영하기보다는 감정을 증폭시킨다. 그 확성기에는 익명의 얼굴들이 더해지고, 다수의 감정은 진실로 위장된다. 그러나 철학은 그 반대편에서 시작된다.

쇼펜하우어는 말한다.

"진실은 종종 다수의 반감을 산다. 왜냐하면 그것은 인간이 믿고 싶은 것과 다르기 때문이다."

우리는 어떤 말에 화가 날 때, 그 분노가 꼭 '옳고 그름' 때문만은 아니라는 걸 알게 된다. 종종, 그것은 타당성보다 내 안의 '불편함'이 먼저 반응한 결과다.

그렇다면 질문은 이렇게 바꿔 보자.

"나는 지금 무엇이 불편해서 분노하고 있는가?"

그것이 사실에 근거한 분노인가, 아니면 내가 듣고 싶은 말과 달랐기 때문인가? 진리는 때론 불쾌할 수 있다. 그러나 감정에만 반응하는 사람은 질문을 잃고, 판단을 위탁하게 된다.

철학은 바로 그 순간, 다시 '생각하라'고 요구한다.

### 생각하지 않는 대중, 판단을 독점한 시스템 권력

오늘날 정보는 넘쳐나지만, 사고는 사라지고 있다. 누구나 뉴스를 접할 수 있고, 댓글을 달 수 있으며, 의견을 표명할 수 있지만, 정작 '질문하는 사람'은 점점 사라진다.

이유는 간단하다. 빠르게 반응해야 하는 사회, 즉시 입장을 정해야 하는 사회에서는 '생각하는 사람'이 오히려 뒤처진다.

가짜뉴스는 왜 퍼질까? 그 자체가 진실해서가 아니라, 불안을 덜어주기 때문이다. '불편한 진실보다 편안한 거짓'에 반응하는 구조. 그 구조 안에서 우리는 주체가 아니라, '콘텐츠 소비자'가 된다.

생각은 선택지가 아니라 상품이 되고, 감정은 정당화의 도구로 쓰인다. 그 결과 우리는 자주 남의 생각을 흉내 내며 살아간다.

자기 입장이 아닌 '편한 입장'을 택하고, 판단은 유튜브 알고리즘에, 감정은 실시간 댓글에 맡긴다. 그리고 그 감정의 끝에는 질문 대신 확신이 있다. 이 확신은 곧, '선택된 진실'만을 반복하게 한다. 그 반복 속에서 우리는 더 이상 생각하지 않는다.

판단조차 감정의 유희가 되고, 자신만의 생각을 멈춘 채, 분노와 혐오 속에서 길을 잃는다.

## 당신의 생각은 누군가의 조작이 아니다

생각은 언제나 감정보다 늦게 도착한다.

분노는 즉각적이지만, 질문은 시간을 요구한다. 그래서 생각하는 사람은 늘 조금 느리고, 때로는 고립된다. 하지만 그 느림은 뒤처짐이 아니다. 그건 방향을 잃지 않기 위한 '의지 있는 멈춤'이며, 타인의 말이 아닌 자신의 목소리에 귀를 기울이는 행위다.

오늘, 당신은 혼자 멈춰 서 있었는가?

모두가 같은 말에 분노하고 같은 방향으로 고개를 끄덕일 때 당신만 낯선 침묵 속에 있었다면, 그건 늦은 것이 아니라 가장 먼 곳까지 가는 첫걸음이었다.

쇼펜하우어는 말한다.

"진리는 늘 소수의 자리에서 시작된다."

그렇다면 지금 당신이 느끼는 '낯섦'은, 오히려 당신이 자신의 판단 약속을 지켜냈다는 증거다.

생각은 불편하고 때로는 외롭지만, 그 불편함을 견딜 수 있을 때 우리는 타인이 아닌 자신으로 살아갈 수 있다. 그리고 그때 비로소 질문은 당신이라는 존재를 보호하는 가장 단단한 울타리가 된다. 그래서 오늘, 이 말을 당신에게 건네고 싶다.

*"잠시 멈춘 당신, 그 고요한 침묵이야말로 사유의 시작이다."*

# 질문이 멈춘 시대

"인간은 질문하는 존재다. 질문하지 않는 순간,

그는 더 이상 생각하지 않는다."

『의지와 표상으로서의 세계』 제1권 §1 사상 中

퇴근하자마자 씻지도 못한 채 저녁을 차리고, 1학년 아이의 숙제를 봐주고 나니 밤 8시였다. 그는 소파에 몸을 묻고 스마트폰을 켰다. 거실 TV에선 그가 보던 것과 같은 뉴스가 흘러나오고 있었다.

불타는 건물, 울부짖는 사람들, 전쟁터 한복판에서 우는 아이들의 모습. 아이가 그 화면을 바라보다가 조심스럽게 물었다.

"아빠, 전쟁은 왜 하는 거야?"

그는 손에 쥔 핸드폰을 내려다보다 고개를 들었다.

조금 전 본 기사 속 이미지와 아이의 질문이 겹쳤다. 마음이 잠깐 멈춘 듯했다.

"…그건 나중에 얘기하자."

아이는 대답 없이 고개를 끄덕이고 방으로 들어갔다. 아이가 방으로 들어가는 모습을 보며 한참 동안 그 자리에 앉아 있었다.

정확히 말하면, 그는 몰라서 대답하지 않은 게 아니었다.

'이해하기엔 너무 복잡할까?' '괜히 더 불안해할까?' '아이의 정서에 안 좋지 않을까?' 그런 걱정도 있었지만, 사실은 자신도 묻지 않고 살아온 시간이 너무 길었기 때문이었다.

그는 언제부턴가 질문을 덮는 데 익숙해졌다.

모른 척하면 견딜 수 있고, 대답하지 않으면 책임지지 않아도 된다고 자신을 설득해 왔다. 민감한 문제일수록 더 그랬다.

하지만 오늘 아이의 그 질문은 단지 '왜 전쟁이 일어났는지' 묻는 것이 아니었다. 그건 "당신은 왜 전쟁에 대해 아무 말도 하지 않았느냐"라는, 더 본질적으로 자신에게 되묻는 질문이었다. 그러나 그는 그 물음 앞에서 도망쳤다.

세상이 너무 복잡해서, 함부로 말하는 게 두려워서, 정확히 알지 못해 스스로 입을 막았던 수많은 순간.

언제부턴가 그는 질문을 듣는 대신 넘기고, 생각하는 대신 피하고 있었다. 그리고 오늘, 그 회피는 결국 '나중에'라는 말로 아이에게 돌아갔다.

### 생각은 불편하다. 그래서 우리는 멈춘다

쇼펜하우어는 인간을 '고통을 피하려는 의지의 존재'라고 했다. 그 의지는 생존을 위한 본능일 뿐 아니라, 불편한 진실을 외면하려는 회피의 습관으로 작동한다.

우리는 매일 수많은 질문 앞에 선다. 왜 이렇게 사는지, 무엇이 옳은지, 아이에게 어떻게 살아야 하는지를 묻는 질문들….

하지만 그 질문에 제대로 답하기 위해선 생각이 필요하다. 그리고 그 생각에는 불편함이 따른다. 불편한 생각은 에너지를 소모하게 한다. 때로는 죄책감과 혼란을 불러오기도 한다. 그래서 사람들은 질문을 멈춘다.

질문하지 않으면, 판단할 필요도 없다. 판단하지 않으면, 책임지지 않아도 된다. 질문은 단순한 궁금함이 아니다. 그건 나를 나로 존재하게 하는 사고의 출발점이다.

질문을 멈춘다는 것은 곧 사고의 중단이며, 어쩌면 그 순간, 우리는 자신을 포기하고 있는지도 모른다.

### 생각을 중단시킨 건, 우리 잘못만이 아니다

아이에게 "나중에"라고 답한 그 장면은, 단지 한 사람의 나태함이나 무관심으로만 설명되지 않는다. 우리는 이미 질문이 사라진 시대를 살고 있다.

한국 사회는 빠른 속도를 미덕처럼 여겨왔다.

정답을 먼저 외우고, 경쟁에서 지면 탈락하는 구조 속에서 '질문'은 지체이고, '의문'은 비효율이 되었다.

학교는 질문하는 아이보다 정답을 빨리 말하는 아이를 칭찬했고, 회사는 회의 시간에 불편한 질문을 던지는 사람보다 빠르게 순응하는 직원을 선호해 왔다. 그 결과, 질문은 점점 줄어들고 대신 누군가의 판단을 받아들이는 수동적 사고방식이 일상이 되었다.

우리는 매일 뉴스를 보고 있지만, 그 뉴스가 무엇을 말하지 않는지는 묻지 않는다. 우리는 정책을 따르고 있지만, 그 결정이 어떤 철학과 가치를 배제했는지는 생각하지 않는다.

질문이 멈춘 사회는 비합리적 권위와 선동, 감정적 동조에 매우 취약하다. 질문이 없기에 아무도 책임을 묻지 않고, 묻지 않기에 누구도 책임지지 않는다.

아이에게 "나중에"라고 답한 그 순간, 그가 꾹 삼킨 건 단지 말이 아니라, 질문이었다. 그리고 그 침묵은 우리 모두 겪고 있는 현실의 축소판일지 모른다.

한국 사회는 오랫동안 질문을 경계해 왔다. 질문은 질서를 흐리고, 시간을 잡아먹으며, 무엇보다 '불편한 진실'을 드러내기 때문이다.

이 사회에서 질문은 감히 넘지 말아야 할 선처럼 여겨졌다. 질문이 사라진 자리에 들어온 것은 '누군가 대신 생각해 주는 구조'였다.

언론은 해석을 제공하고, 정치는 프레임을 씌우며, 사람들은 의심 없이 받아들이는 습관에 점점 길들었다. 결과는 명확하다. 비판 없는 동의, 사유 없는 분노, 공감 없는 함성.

질문을 던지지 않으면 진실은 감춰진다. 하지만 더 무서운 건, 진실이 감춰졌다는 사실조차 아무도 묻지 않게 된 사회다. 이처럼 질문이 멈춘 사회는 깊은 생각 없이 분열을 양산하고, 타인을 적으로 간주하며, 불편한 목소리를 '이상한 사람'이라 낙인찍는다.

정치가 선동에 휘둘리고, 언론이 프레임만 재생산하며, 시민은 어느새 판단을 '양자택일'의 게임으로 축소한다.

쇼펜하우어는 말한다.

"대중은 결코 진리를 갈망하지 않는다. 그들이 원하는 것은 오로지 환상이다."

질문은 그 환상을 깨는 행위다. 그래서 질문은 늘 소수의 몫이었고, 생각은 언제나 고독한 선택이었다. 하지만 그 고독은 생각을 멈춘 대중 사이에서 유일하게 자신을 지켜내는 방식이기도 하다.

### 다시, 질문할 수 있는 당신에게

당신은 아마 이런 생각을 한 적 있을 것이다.

'괜히 질문해서 이상하게 보일까 봐', '이걸 묻는 내가 이상한 걸까?', '다들 아무 말 안 하는데, 나만 왜 이렇게 불편한 걸까?'

질문은 늘 고립감을 동반한다. 생각은 외로움을, 사유는 속도 차이를 만든다. 하지만 기억하자. 당신이 질문을 멈추지 않았다는 건, 당신의 감각이 아직 살아 있다는 뜻이다. 침묵을 강요하는 구조 안에서 그 느린 질문 하나가 당신의 자존감을 지켜준 것이다.

질문은 누군가를 공격하기 위해 던지는 것이 아니다. 나를 지키기 위해, 내 감각이 흐려지지 않도록 나 자신을 붙드는 방법이다.

오늘도 생각이 뒤처진 듯 느껴졌는가?

모두가 똑같은 방향으로 분노하고 있을 때 혼자만 멈춰 서 있었는가?

그렇다면 당신은 지금, 조작되지 않은 감각을 가진 유일한 사람이라는 증거다. 오늘, 이 말을 꼭 기억해 주시길 권한다.

*"생각은 빠르지 않지만, 가장 멀리 도달한다. 질문을 멈추지 않는 당신이야말로, 진짜 살아 있는 사람이다."*

# 타인의 목소리로 사는 사람들

"우리는 다른 사람들이 우리에 대해 어떻게 말할지를 염려하느라, 정작 우리 자신에 대해 생각하지 않는다."

『의지와 표상으로서의 세계』 제2권 §68 사상 中

35살, 그녀는 PR 회사 팀장이다. 브랜드의 이미지를 관리하고, 팔리는 말과 표정을 기획하는 게 그녀의 일이었다. 하지만 퇴근 후, 그녀는 그보다 더 완벽하게 '자신'을 포장했다. 인스타그램 피드에는 퇴근길 와인 한 잔, 여행지의 석양, 아이를 안은 미소, 친구들과의 저녁 식사 사진이 정갈하게 이어져 있었다. '좋아요'는 매번 300개 이상. 댓글도 빠지지 않았다.

"진짜 워킹맘의 롤모델이에요!"

"이 언니 삶, 너무 부러워요."

그녀는 웃으며 댓글을 눌렀고, 다시 폰을 들고 셀카를 찍었다. 미세하게 턱을 당기고, 눈꼬리를 조절하고, 조명을 바꿔가며…. 하지만 그날 저녁, 뭔가가 달랐다.

퇴근 후 카톡 메시지를 받고 노트북을 켜자, 팀장이 또 메시지를 보냈다.

"고객 피드백 반영해서 다시 수정해 줘요. 오늘 중으로."

벌써 다섯 번째였다. 기획안을 열어둔 채 거실로 나가보니 아이는 미열로

소파에 누워 있었다. 어린이집에서 전화가 온 건 오후 다섯 시쯤, 그녀가 막 회의에서 나오던 때였다. 남편은 출장 중이라 메시지 한 줄만 보내왔다.

[병원은 갔다 왔어? 미안, 오늘은 힘들 것 같아.]

TV는 켜져 있었지만, 아무것도 들리지 않았다. 멍하니 화면을 바라보다, 그녀는 습관처럼 핸드폰을 들었다. 잠시 전, SNS에 올린 사진에 '좋아요'가 계속 늘고 있었다.

아침 출근길에 찍은 셀카, 밝은 필터와 함께 웃고 있는 얼굴. 그녀는 그 화면을 가만히 들여다보았다. 그리고 조용히 생각했다.

'이 사람은… 누구지?' 그건 자신이 아니었다. 누군가에게 보여주기 위한 그녀, 타인의 반응을 예측하며 직조한 정체성. 그녀는 자신이 '살고 있는 것'이 아니라, '잘살고 있는 듯한 사람을 연기'하고 있음을 알아차렸다. 늘 타인의 감탄을 먼저 상상했던 그녀. '좋아요' 수, 댓글 반응, 조회수 그래프. 그 수치들이 곧 자신인 줄 알았다.

하지만 그날 밤, 그녀는 처음으로 핸드폰을 내려놓고 거울을 바라보았다. 거기엔 필터 없이, 표정 없는 얼굴이 있었다. 살짝 부은 눈, 매끈하지 않은 피부, 그리고 조용한 숨소리.

그 모든 것이 그녀였다.

'이 모습이 싫지 않아!' 속으로 중얼거리며, 그녀는 거울 앞에 오래 앉아 있었다. '좋아요' 숫자는 줄어들었지만, 그날 밤 그녀는 오래 잠을 잤다. 자신에게 '좋아요'를 누르지 못한 채 살아온 시간을 조금은 견딜 수 있었기에.

### 거울 속 타자(他子), 나라는 환영(幻影)

우리는 점점 '사는 것'보다 '잘살고 있는 듯한 모습'을 연출하는 데 더 많은 에너지를 쓰고 있다. 타인의 시선 속에서 나를 규정하고, 그들이 반응할 만한 이미지를 미리 상상한다. SNS 피드 속에서, 우리는 더 이상 나라는 존재가 아니라 '기획된 자아'로 살아간다.

쇼펜하우어는 이렇게 말했다.

"사람들은 대개 자신보다, 남이 자기에게 어떤 평가를 할지 더 걱정한다."

그에 따르면, 명예욕은 가장 치명적인 자기기만이다. 명예란 본래 내면에서 나오는 것이 아니라, 외부의 시선에 매달린 불안한 자아의 산물이기 때문이다. 그래서 그는 타인의 인정을 욕망하는 삶이야말로 가장 고통스러운 삶이라 했다.

그가 말한 '고통'은 비난이 아니라 잊히는 것에서 비롯된다. 사람들은 '자기가 주목받지 못할까?' 불안해하고, 그래서 자신을 과장하거나 소비시킨다. 그 결과 우리는 타인의 눈을 거울처럼 여기고, 거기에 비친 모습만이 '나'인 줄 착각한다. 그러나 그 거울은 언제든 깨질 수 있고, 반사된 이미지는 내 것이 아닌 타인의 것이다.

진짜 문제는 여기서 시작된다. 그렇게 '타인으로 가득 찬 자아'는 점차 고유성을 잃는다. 자기 삶에 대해 생각하지 않고 자기만의 기준도 만들지 못한 채, '좋아요'를 기준으로 자신을 재단하고, '지금 내가 느끼는 감정'보다 '남들이 어떻게 볼까?'를 먼저 고민한다.

쇼펜하우어는 이것을 '내면의 피폐함'이라 했다.

삶이란 본디 내 안에서 우러나는 고유한 충동이어야 하며, 그 충동이 외부에서 주입되기 시작하면 인간은 더 이상 자신의 삶을 살지 못한다.

## 알고리즘이 만든 자아

그녀는 혼자가 아니었다. SNS라는 무대 위에서 수많은 사람이 자신을 '기획'하고 있었다. 누군가는 퇴근 후 와인잔을, 누군가는 갓 구운 크루아상을, 누군가는 독서 중인 책과 커피잔을 올렸다. 모두가 괜찮은 사람, 잘살고 있는 사람, 의미 있는 사람처럼 보이길 원했다.

그 속엔 '진짜 나'는 없다. 오직 '남에게 보이는 나'만이 존재한다. 문제는 그것이 단순한 개인의 선택이 아니라는 점이다.

우리는 타인에게 보이는 방식조차 선택할 수 없을 만큼 강력

한 구조 안에 있다. SNS는 개인의 사유가 아니라, 타인의 반응을 예측하고 반복하게 만드는 알고리즘으로 작동한다. '좋아요'를 많이 받은 게시물, 자극적인 감정의 파편들, 공감과 분노를 유도하는 문장들이 끊임없이 우리의 피드에 배달된다. 그러다 우리는 결국 이런 질문에 봉착한다.

"나는 왜, 내가 아닌 방식으로 나를 살아가고 있는가?"

이 구조는 점점 자기 감각의 마비, 정체성의 외주화로 이어진다. 인간은 자신의 주체가 아닌, 타인의 기준에 최적화된 사용자가 되어간다. 평가받지 않으면 불안하고, 인정받지 않으면 존재를 의심하게 된다. 공허함은 생각의 부재가 아니라 외부 자극이 끊겼을 때 견딜 수 없는 내면의 공백에서 온다.

이것은 개인의 나약함이 아니라 사유 없는 공론장, 비난과 호응만 남은 플랫폼, 그리고 그 위에서 수익과 확산을 설계한 테크놀로지 권력의 결과다.

## 당신으로 충분하다

어쩌면 우리는 너무 오래 '보여지는 나'로 살았다. 굳이 SNS가 아니어도 일상에서도 별반 다르지 않다. 괜찮은 척, 여유 있는 척, 무언가를 성취하고 있는 척.

그러는 사이, '나는 지금 어떤 상태인가'라는 물음은 사라졌다.

피드 속엔 웃고 있었지만, 거울 앞에선 울고 싶었다. 공감받고 있었지만, 정작 아무에게도 말할 수 없었다. 우리는 그렇게 가짜 삶에 진짜 감정을 덧칠하며 하루를 넘겼다.

하지만 기억하자. 누군가에게는 보이지 않아도, 당신이 느낀 그 불편함이야말로 진짜 감각의 증거다. 타인의 시선에서 빠져나오고 싶다는 생각, 이대로 사는 게 아닌 것 같다는 혼잣말, 그 작은 균열이 바로 당신이 아직 '당신'이라는 증거다.

그날 밤, 그녀는 처음으로 셀카를 찍지 않았다. 대신 거울 앞에 앉아 조용히 자신을 바라보았다. 그 얼굴에 '좋아요'를 누르지 못했던 시간을 떠올리며 속으로 이렇게 말했다.

'지금, 이 모습도 나야.'

이 한 문장을 진심으로 믿기 시작할 때, 우리는 외부에서 부서진 자아를 안으로 다시 데려올 수 있다. 아무에게도 보이지 않는 공간에서, 아무에게도 설명하지 않아도 되는 얼굴로.

그 얼굴이야말로, 살아 있는 당신의 진짜 표정이다.

오늘은, 이 질문을 자신에게 남겨보자.

"지금, 이 순간 타인의 시선이 모두 사라진다 해도 나는 여전히 나로 존재할 수 있을까?"

## 침묵은 때론 무기가 된다

"말이 많을수록 진리는 멀어진다."

『의지와 표상으로서의 세계』 제1권 §9 사상 中

회의가 길어지고 있었다. 이번 분기 목표 조정안.

실적이 예상치를 밑도는 상황에서, 하반기 방향성을 결정할 가장 중요한 회의였다. 전략기획실은 각 부서의 이해관계를 조율하며 실현 가능성을 따져야 했고, 그럴수록 말은 많아졌다.

"지금 시점에 목표를 낮추는 건 시장 신뢰를 깎아 먹는 거죠."

"오히려 더 공격적으로 가야죠. 데이터 보셨잖아요."

"지금이 타이밍입니다. 결단력 있는 이미지, 중요해요."

그녀는 자리에 가만히 앉아 있었다. 회의가 시작된 지 30분이 넘도록 단 한마디도 하지 않았다. 노트북 앞에 차트를 띄운 채 말하는 사람들의 얼굴을 차례로 바라볼 뿐이었다. 모두가 열을 올리며 말을 보탰고 결국 팀장이 그녀를 바라보며 물었다.

"부장님 생각은 어떠세요?"

그녀는 천천히 키보드를 눌렀다.

한 장의 슬라이드.

지난 2분기 수익 예측 그래프, 그 아래 실제 수치와의 차이.

회의실 안이 조용해졌다. 누구도 말하지 않았지만, 모두가 한 가지 사실을 깨달았다. 지금 이 자리에서 오가는 말들은 지난 분기에도 똑같이 반복됐던 이야기들이었다. 그리고 그 말들로는 아무것도 바꾸지 못했다.

그녀는 말을 아끼는 사람이었다. 그렇다고 말이 없는 사람은 아니었다. 말이 필요 없을 때, 굳이 덧붙이지 않을 뿐이었다.

퇴근 후, 후배 한 명이 조심스럽게 말을 꺼냈다.

"선배님은 어떻게 그렇게… 회의 때도 차분하세요? 말이 없어도 무게가 느껴진다고 해야 하나."

그녀는 잠시 생각하다가 웃으며 대답했다.

"가끔은, 침묵이 제일 잘 들릴 때가 있어."

그리고 이어진 말은 없었다.

하지만 그 순간, 후배는 알았다. 말하지 않는 사람이 모두 생각이 없는 건 아니라는 것. 오히려, 그 생각이 가장 단단한 곳에서 시작될 수 있다는 것.

### '말 없는 사유'의 윤리

회의에서 침묵하는 그녀를 보며 누군가는 답답해했고, 누군가는 무서워했다. 말이 없다는 건 생각이 없다는 뜻일까, 아니면 생각이 너무 많다는 뜻일까. 우리는 자주 이 질문 앞에서 망설인다.

쇼펜하우어는 말했다.

"말이 많을수록 진리는 멀어진다."

그는 말이 많아질수록 오히려 본질에서 멀어지고, 말이 앞서는 순간 사유는 지워진다고 봤다. 그래서 침묵이야말로 생각의 뿌리에 가까운 상태라고 여겼다.

진리는 언제나 다수의 언어 속에 섞여 있지 않다. 오히려 한 사람이 말하지 않고 바라보는 그 순간, 그곳에 가장 순수한 의식이 숨어 있을 수 있다.

흔히 말을 많이 하는 사람 쪽이 더 설득력 있고 똑똑해 보인다고 믿는다. 하지만 그런 말들 가운데 실은 자기 생각이 담긴 말은 드물다. 반복되는 단어, 강한 어조, 논리를 가장한 확신.

그 모든 말이 공간을 채우고 나면, 침묵은 역설적으로 사유의 마지막 여백이 된다.

쇼펜하우어는 또 이렇게도 말했다.

"사람들은 말을 많이 할수록 더 똑똑하다고 착각하지만, 진실은 보통 말보다 더 오래 머문다."

말하지 않는 사람은 종종 잊힌다. 하지만 때로는 말하지 않음으로써만 전달되는 힘이 있다. 그 힘은 언어를 통과한 뒤에야 도달하는 사유의 무게다.

## 말하기의 강요, 침묵의 소외

우리 사회는 생각보다 훨씬 더 '말하는 사람' 중심으로 움직인다. 조직 안에서도, 여론 안에서도, 회의에서도 그렇다.

자신 있게 말하는 사람이 더 똑똑해 보이고, 말을 많이 하는 사람이 더 적극적인 사람으로 평가된다. 침묵은 종종 '의견 없음', 혹은 '소외됨'으로 여겨진다.

하지만 정말 그럴까?

지금 우리는 '사유 없는 말하기'에는 익숙해졌지만, '말 없는 사유'는 견디지 못하는 사회에 살고 있다. 회의에서는 빨리 의견을 내야 하고, 면접에서는 자기 생각을 말로 포장해야 하며, 심지어 SNS에서조차 침묵은 '무관심'이나 '의심'으로 오해받는다. 그래서 사람들은 말한다.

준비되지 않았어도, 생각이 덜 익었어도, 적어도 침묵하는 것

보단 낫다고 믿기 때문이다. 이 구조는 우리에게 한 가지 메시지를 반복해서 주입한다.

'말하지 않으면, 존재하지 않는 것이다.'

하지만 이것이야말로 가장 폭력적인 규범일 수 있다.

말이 진실을 대변한다는 착각은 침묵 속에 쌓여 있는 고민과 망설임, 그리고 깊이를 지워버린다. 그 결과, 우리는 속도에 쫓기고 자기 검열에 길든 말들만을 반복하게 된다.

진짜 두려운 건 말하지 않는 사람이 아니라, 스스로 생각할 틈 없이 말만 반복하는 구조 그 자체다.

## 말하지 않아도 당신은 생각하고 있었다

가끔은, 말하지 않는 것이야말로 가장 깊은 생각의 증거일 때가 있다. 당신은 아마 이런 말을 들었을지도 모른다.

"좀 더 적극적으로 말해야지. 그렇게 조용하면, 네 의견이 뭔지 모르겠잖아."

하지만 기억하자.

당신이 말하지 않았다고 해서 생각하지 않았던 건 아니다. 오히려 당신은 너무 많은 걸 알고 있었기에 쉽게 말하지 못한 것이다. 말은 타인을 향하지만, 생각은 자신을 향한다. 그래서 우리는 말하는 사람에게 쉽게 끌리고 조용히 있는 사람을 불안해한다.

 그러나 당신의 깊이를 결정짓는 것은 말의 양이 아니라, 말하지 않는 시간 동안 얼마나 오래 생각했는가이다. 오늘은, 그 질문을 당신 자신에게 조용히 건네보길 권한다.

 "지금 이 순간, 굳이 말하지 않아도 된다면 나는 어떤 얼굴로 이 자리를 지킬 수 있을까?"

## 생각이 사라질 때, 삶은 무너진다

"인간은 사유하는 능력을 지녔기에 인간이다.
그 능력을 저버릴 때, 인간은 그 존재가치를 상실한다."

『의지와 표상으로서의 세계』 제2권 §17 사상 中

서울 지하철 2호선, 아침 8시 14분.

검은 백팩을 앞으로 맨 남자가 회색빛 군중 속에 서 있다. 오른손은 손잡이를 움켜쥐었고, 왼손은 스마트폰을 아래로 천천히 넘긴다. 오늘도 보는 건 똑같다. 항상 보는 뉴스, 멍청한 광고, 누군가의 휴가 사진, 그리고 주식 그래프. 매일 같다.

같은 지하철, 같은 시간, 같은 출입구. 엘리베이터는 같은 소리를 내며 열리고, 사무실 문은 같은 각도로 열리고 닫힌다.

누군가 "어제 자료 보셨어요?"라고 묻고, 그는 "네, 봤습니다"라고 답한다. 보지도 않았지만, 보고 싶지도 않았다. 중요한 건 대답의 내용이 아니라, 같은 리듬이다.

멈추지 않는 흐름 속에 '그냥 끼어있으면 된다'라는 안도. 그는 그 리듬을 충실히 반복한다.

출근해서 컴퓨터를 켜고, 어제 던져진 이메일을 열어 처리한다. 결재 문서, 정리된 엑셀, 사소한 오타 수정, 상사의 피드백에 응답하는 메일.

점심은 늘 가던 식당에서 백반을 먹고, 오후엔 팀 회의.

그는 대단히 성실하고, 대단히 무난하며, 아무 문제를 일으키지 않는다. 그러니까 그는 회사에 있어 가장 이상적인 인물이다. 그리고, 가장 위험한 상태였다.

어느 날, 우연히 복도 거울 앞을 지나던 그가 멈췄다. 거울 속에 반사된 얼굴을 가만히 바라보다가 문득 생각했다.

'이 사람이… 누구지?'

그는 이 질문이 낯설다고 느꼈다. 하지만 더 낯선 건 이 질문이 너무 오랜만이라는 사실이었다. 생각해 보면, 자신에게 아무것도 묻지 않은 지 꽤 오래였다.

"나는 왜 이 일을 하고 있지?"

"지금 나는 어떤 감정을 느끼고 있나?"

그런 질문들은 언젠가부터 점점 사라졌고, 지금의 그는 묻지 않는 대신 그냥 기계처럼 작동했다. 그리고 그 순간 깨달았다. 자신은 어느 날부터 '살고' 있는 게 아니라, '살아지는' 상태에 놓여 있었다는 것을.

### 사고 없는 삶은 의지의 사멸이다

쇼펜하우어는 인간의 고통을 외면하지 않았다.

고통의 회피가 아닌 직면을 요구했고, 진정한 해방은 오직 사유하는 자에게만 허락된다고 보았다. 욕망은 인간을 끌고 다니지만, 사유는 그 욕망을 성찰하게 한다. 생각이란 욕망의 속도를 줄이고, 방향을 되묻게 만드는 일이다. 그리고 바로 그 행위가 인간을 인간답게 만든다.

쇼펜하우어는 말했다.

"사유는 고통을 일으키지만, 그 고통을 견디는 것이 곧 사람됨이다."

사고가 멈춘 인간은 의지마저 사라진 인간이다. '왜'라는 질문이 사라진 삶은 오직 반응만 남는다. 외부에서 던져지는 요청, 명령, 상황에 빠르게 대응하지만, 그 속엔 자신이 없다. 아무 감정 없이 울리는 알람을 끄고, 무의식처럼 열리는 브라우저 탭을 넘기고, 요구되는 말과 표정을 자동응답기처럼 내보낸다.

사유는 자아를 지키는 마지막 고리다. 그 고리가 끊어질 때, 우리는 살아 있다는 사실조차 잊는다. 생각은 고통스럽지만, 고통조차 없는 삶은 비로소 무서운 것이다.

## 속도 권하는 사회

우리는 왜 이렇게까지 '생각 없이' 살게 되었을까? 그건 단지 개인의 게으름이나 의지 부족 때문이 아니다.

사회는 스스로 사고하기보다 빠르게 반응하기를 요구한다. 회사도, 학교도, 심지어 관계조차도 '빠르게 처리하고 효율적으로 정리할 것'을 최우선 가치로 삼는다. 회의에선 느린 숙고보다 즉각적인 해결책이 환영받고, 생활에선 자기 감정보다 타인의 기준에 따라 움직이도록 길들여진다. 그러다 보면 질문은 짐이 된다.

'지금 이게 맞는가?'라고 묻는 순간 빠른 흐름에서 한참을 밀려난다. 성찰은 시스템을 느리게 만들고, 그 느림은 무능으로 여겨진다. 그래서 우리는 감정을 덮고, 질문을 삼키고, 회의 없이 움직인다. 이 구조는 사고를 제거하며 효율을 극대화한다. 그리하여 인간은 질문하지 않는 존재, 생각을 위임한 사용자, 그리고 결국 '그 누구도 아닌 자아'로 살아가게 된다.

## 기계가 아닌 당신에게

당신이 거울 앞에 멈춰 선 적이 있다면, 문득 "이게 정말 내가 원하는 삶일까?"라고 중얼거린 적이 있다면, 당신은 아직 살아 있다는 걸 의미한다.

살아 있다는 건 느낀다는 뜻이고, 느낀다는 건 여전히 사유하고 있다는 증거다. 비록 그 사유가 불편하고, 그 감각이 고통을 수반하더라도 오히려 그 불편함이야말로 당신이 멈추지 않았다는 징표다.

진짜 위험한 건 아프지 않은 상태가 아니라, 아파야 할 때조차 아무것도 느끼지 못하는 무감각이다. 그 무감각이야말로 인간의 본질을 갉아먹는 침묵이다.

그러니 오늘도 자동응답기처럼 똑같이 반복된 하루였더라도, 그 안에서 단 한 번이라도 자신에게 질문을 던졌다면 당신은 여전히, 그리고 분명히 살아 있는 중이다. 지금 이 순간, 그 생각을 떠올린 당신은 그 자체로 충분하다.

질문은 고립을 만들고, 사유는 아픔을 동반한다.

그러나 그 고립과 아픔이야말로 인간이 자신을 지켜내는 유일한 방식이다. 당신은 누구의 시선에도 맞추지 않아도 되고, 누구보다 빠르지 않아도 된다.

당신의 삶은 일 처리를 위한 컴퓨터 프로그램도 아니고, 오차 없는 정답을 내야 하는 보고서도 아니다. 아직 당신 안에 한 줄의 질문이 남아 있다면 그것은 당신이 자신을 포기하지 않았다는 증거다.

"생각이 멈춘 삶은 편안할 수 있지만, 절대 온전하지는 않다."

만약 지금, 이 생각을 떠올렸다면 나는 당신에게 말하고 싶다.

*"당신 안에 설명할 수 없는 질문 하나가 남아 있다면, 오늘도 당신은 잘 살아낸 것이다."*

# 3장 외로움의 품격

"진정한 고독이란, 외부의 고요 속에 있는 것이 아니라,
자신의 내면과 마주할 수 있는 힘이다."

『의지와 표상으로서의 세계』 제2권 §41 사상 中

: 혼자인 시간 속에서 나로 존재할 수 있는 사람, 그 고요한 자존의 힘

쇼펜하우어는 외로움을 단순한 고통이나 결핍이 아닌, 인간이 스스로에게 도달할 수 있는 가장 고유한 공간으로 여겼다. 진짜 품위는 타인의 인정 속에서가 아니라, 혼자의 시간에도 흐트러지지 않는 내면의 질서 속에서 만들어진다.
하지만 지금 우리는 '혼자 있는 능력'을 점점 상실해 간다. 사람들은 외로움을 견디지 못해 스스로 분주하게 만들고 침묵이 길어질수록 손끝은 더 빠르게 화면을 넘긴다. 심지어 휴식조차 타인에게 보여주기 위해 소비되는 시대로 연결은 넘쳐나지만, 고독은 깊어지지 않는다.
쇼펜하우어는 말한다. 고독은 나를 닮은 목소리를 가장 또렷이 들을 수 있는 상태라고. 자기 자신과 깊이 연결된 사람만이 타인과도 진심으로 연결될 수 있다고.

이 장은 '외로움'을 피해야 할 상태가 아니라, 스스로 선택하고 받아들일 수 있는 삶의 한 품격으로 회복하려는 시도를 다룬다. 혼자 있는 시간은 부재가 아니라 충만이며, 아무것도 하지 않는 순간은 낭비가 아니라 회복일 수 있다.
'나는 혼자일 때도 나로 존재할 수 있을까?'
'아무에게도 보이지 않는 순간에도 나만의 질서와 목소리를 지킬 수 있을까?'
'외로움의 품격'은 결코 고립의 낭만이 아니다.
그건 소음과 관계의 홍수 속에서도 무너지지 않는 자아를 지키려는 태도이자, 나를 스스로 인정하는 데서 시작되는 내면의 윤리다.

"나는 나와 함께 있을 때, 어떤 얼굴을 하고 있는가?"

## 고독은 감정의 훈련장이다

"외부 세계와 단절된 고독 속에서
인간은 비로소 자기 감정을 제대로 이해하게 된다.
그 침묵은 두려운 것이 아니라, 가장 순수한 자기 인식의 순간이다."

『의지와 표상으로서의 세계』 제2권 §41 사상 中

중학교 교무실, 아이들이 모두 돌아간 뒤 남자는 자리에 앉아 아무 말 없이 창밖을 바라보며 오전 수업을 떠올리고 있었다.

수업 중, 한 아이가 갑자기 고개를 푹 숙이더니 교탁에 이마를 박고 울기 시작했다. 처음엔 조용했다. 그저 고개를 숙인 채 어깨만 들썩이는 듯했지만, 곧 참았던 울음이 터지듯 교실 안에 퍼져나갔다.

"쌤… 나 진짜 싫어요, 그냥 다요… 전부요…."

말끝이 갈라졌고, 말이 끝나자, 울음도 흐트러졌다.

그 순간, 남자는 걸음을 멈췄다. 분필을 들고 있던 손이 허공에 멈춰 섰고, 천천히 아이를 향해 다가가던 손은 공중에서 길을 잃었다.

그 어떤 말도 떠오르지 않았다. 그는 아이를 향해 손을 뻗고 싶었지만 '선생님'이라는 이름이 그 손목을 붙잡았다.

아이의 슬픔이 자신을 향해 밀려오는 것을 분명히 느꼈지만, 그 감정을 드러낼 수는 없었다.

'아이 앞에서 흔들리지 말 것.'
'감정적으로 휘둘리지 말 것.'
'지켜보되 개입하지 말 것.'

머릿속에서 수없이 배운 지침들이 자신을 단단히 조였다. 가슴은 이미 무너지고 있었지만, 그의 표정은 아무렇지 않은 척 굳어 있었다. 어떻게든 눈을 깜빡이지 않으려 애썼고, 울컥 올라오는 무언가를 목구멍에서 삼켜냈다.

그건 분노도, 슬픔도 아니었다. 그저, 말할 수 없는 감정의 잔해들이었다. 그 감정을 꺼내어 누군가에게 설명하지 않았다. 대신, 고요히 혼자 앉아 있었다. 그리고 그렇게 앉아 있는 동안, 그 감정은 조금씩 형태를 드러내기 시작했다.

'아, 이건… 아이가 아니라, 나 자신에 대한 감정이었구나.'

그는 그것을 이해하기까지, 오롯이 혼자 있는 시간을 지나야만 했다.

## 고독은 감정을 사유하게 하는 공간이다

쇼펜하우어에게 감정이란 단순한 반응이 아니다. 그는 인간이 감정을 느끼는 능력보다, 감정을 다루는 능력이 있을 때 비로소 정신적으로 성숙해진다고 보았다. 그리고 그 '다룸'의 기술은 언제나 혼자의 시간에서 시작된다.

누군가와 함께 있을 때 감정은 흔히 두 가지 방식으로만 흘러간다. 즉각적으로 터지거나, 억지로 눌러지거나.

하지만 혼자 있을 때 감정은 흘러나오되 파괴적이지 않고, 덮이지 않되 무분별하지 않다. 고독은 감정을 마주 보게 만든다. 그 감정이 어디서 비롯되었는지, 왜 지금 내 안에서 이토록 요동치는지를 해석할 수 있는 거리와 온도를 제공해 주는 공간이 바로 고독이다.

쇼펜하우어는 말했다.

"고독 속에서 인간은 비로소 자기감정을 '제삼자처럼 관찰'할 수 있다."

그 관찰은 억제가 아니라 이해이며, 억누름이 아니라 훈련이다. 울고 싶은 마음을 억지로 참는 것이 아니라, 왜 우는지를 알고 그것이 지나가도록 기다릴 줄 아는 힘이다.

감정의 폭발은 어렵지 않다. 진짜 어려운 건 감정을 곁에 두고, 무너지지 않는 상태로 살아가는 일이다. 그리고 그 힘은 오직 혼자의 시간에서만 길러진다.

## 감정을 터뜨려야만 살아남을 수 있는 시대

지금 우리 사회는 감정을 훈련할 기회를 주지 않는다. 오히려 감정은 빠르게 표현되고, 빠르게 소비되고, 빠르게 사라져야만 한다. 하루에도 수십 번 울분을 자극하는 기사 제목이 뜨고, 댓글엔 분노와 냉소가 무분별하게 흘러내린다.

누군가의 분노는 곧 '좋아요'와 '조회수'가 되고, 누군가의 슬픔은 짧은 영상 속에서 눈물 한 줄로 편집된다.

사람들은 그 감정을 오래 품지 못한다. 누군가를 미워한 다음엔 바로 또 다른 이슈에 분노하고, 어제의 감동은 오늘의 자극 속에 묻힌다. 이런 구조 안에서 우리는 감정을 지켜보는 법보다 터뜨리는 법을 먼저 배운다.

SNS는 고독을 견디게 하는 공간이 아니라, 고독을 회피하게 만드는 '즉각 반응 시스템'이다. 자기감정을 곱씹을 수 있는 고요한 시간, 그 감정을 충분히 느끼고 흘려보낼 수 있는 내면의 공간은 점점 사라지고 있다. 그래서 사람들은 점점 더 쉽게 분노하고, 쉽게 지치고, 쉽게 무너진다.

감정은 훈련되지 않으면 휘두르게 되고, 고독을 잃어버린 인간은 결국 감정의 노예가 된다.

## 느끼되, 휘둘리지 않는 힘

고독은 우리에게 감정을 제거하라고 말하지 않는다. 대신, 감정이 머물 공간을 마련해준다.

기뻐할 때는 충분히 웃고 슬플 땐 숨기지 않고 느끼되, 그 모든 감정이 나를 망치지 않도록 곁에 두고 다루는 법을 가르쳐준다.

우리는 더 이상 감정에 휘둘리지 않아야 한다는 강박보다, 감정과 함께 살아갈 힘이 필요하다. 고독은 그 힘을 길러주는 조용한 훈련장이며, 타인에게 보여줄 필요 없는 진짜 내 감정을 복원하는 공간이다.

오늘, 당신이 혼자 있는 시간이 조금은 서글펐더라도 그 시간 안에서 조용히 올라온 감정 하나를 끝까지 바라보았다면 당신은 이미 감정의 주인이 된 것이다. 그러니 오늘은 이 문장을 조용히 마음에 새겨보자.

"고독을 견딘다는 건, 감정과 함께 있을 수 있는 사람으로 자라났다는 뜻이다."

## 나 혼자 있어도 괜찮은 법

> "고독은 정신적으로 우월한 자의 몫이며,
> 인간은 홀로 있을 때 가장 자기 자신이 된다."
>
> 『의지와 표상으로서의 세계』 제2권 §40 사상 中

가게 문을 연 지 두 시간 가까이 지났지만, 매장 안엔 손님이 없었다. 메뉴판을 정리하던 그녀는 한숨을 내쉬고 조용히 구석 자리에 몸을 붙였다.

아까 내려놓은 아메리카노는 이미 차갑게 식어 있었다. 지난달부터 손님이 줄었다. 경기 때문인지, 상권 때문인지 알 수 없지만 확실한 건 혼자 있는 시간이 점점 길어지고 있다는 것이다. 예전엔 커피를 내릴 틈도 없이 바빴고, 주문이 밀리면 힘들어도 '살아 있다는 느낌'이 분명했다. 하지만 지금은 탁자 닦는 손길도 느려지고 재료를 점검하는 루틴도 대충 넘어간다.

처음엔 고요함이 잠시 주어진 휴식처럼 느껴졌다. 커피를 내리지 않아도 되고 손님 응대에 지치지 않아도 되는 시간.

하지만 고요함이 반복되자, 그녀는 문득 혼자 있는 자신을 낯설게 바라보게 되었다.

'이게… 괜찮은 건가?' '나는 지금, 잘 지내고 있는 걸까?' '이렇게 혼자 있어도 괜찮은 걸까?'

창밖에는 사람들이 무심히 오가고, 맞은편 가게 창가 테이블에선 누군가 여유롭게 커피를 마시고 있었다. 이상하게도 그렇게 혼자 있는 모습이 오늘따라 부럽게 느껴졌다. 그녀도 지금 혼자지만, 마음 한쪽에선 여전히 정적이 어색하고 무언가를 해야 할 듯한 조급함이 남아 있었다.

　고요는 무기력과 닮아 있었고, 침묵은 불안의 그림자를 완전히 걷어내지 못했다. 그래도 매일 이렇게 혼자 있는 시간이 반복되다 보니, 고요함도 조금은 익숙한 공기처럼 느껴지기 시작했다. 아직 어색하긴 했지만, 전처럼 숨이 막히지는 않았다.

　그 때문인지 불안도 예전만큼은 아니었다.

　식은 커피를 한 모금 마시며 그녀는 속으로 중얼거린다.

　"그래, 그냥… 이렇게 있는 것도 나쁘진 않네."

　하지만 그 말엔 아직 어색함이 묻어 있었다. 혼자 있는 자신을 온전히 받아들이기엔, 그녀에겐 조금 더 시간이 필요해 보였다.

## 고독은 깊어진 정신만이 감당할 수 있는 상태이다

쇼펜하우어는 인간이 혼자 있을 수 있다는 것을 지적 능력의 결과이자, 정신적 성숙의 증거라고 보았다. 그에게 고독은 결핍이 아니라 스스로 선택한 내면의 공간이었다.

외로움은 무엇이 '부족한' 감정이지만, 고독은 무엇이 '충만한' 존재에서만 비롯된다. 누군가는 혼자 있는 걸 두려워하고, 누군가는 혼자 있는 걸 즐기려 애쓰지만, 고독은 그 어느 것도 아니다.

그건 자기 자신과 함께 있을 수 있는 능력이며, 바로 그 상태에서만 인간은 진짜 자기 자신으로 존재할 수 있다.

쇼펜하우어는 말했다.

"정신적으로 우월한 사람일수록 외로움을 느끼지 않으며, 혼자 있을 때 오히려 가장 온전한 만족을 느낀다."

그 말은 누구와도 연결되지 않은 완전한 고립이 아니라, 타인의 부재 속에서도 무너지지 않는 내면의 질서를 의미한다. 자기 생각에 머물 줄 아는 사람, 자기감정의 파동을 혼자서도 정리할 수 있는 사람, 바로 그런 이들만이 고독과 친구가 될 수 있다.

우리는 종종 외로움을 해소하려고 관계를 찾는다. 그러나 진짜 중요한 건, 고독을 감당해 내는 힘이다. 고독을 견딘다는 건 혼자라는 상태를 버텨낸다는 말이 아니라, 그 시간 안에서 흔들리지 않는 나로 존재한다는 뜻이다.

### '혼자 있음'이 해명되어야 하는 사회

우리는 지금 혼자 있는 사람에게 설명을 요구하는 시대를 살고 있다. 카페에서 혼자 앉아 있으면 "누구 기다리세요?"라는 질문이 돌아오고, 식당에서 혼자 밥을 먹으면 "괜찮으세요?"라는 걱정스러운 물음이 붙는다.

혼자 있다는 사실은 어느 순간부터 그냥 '상태'가 아니라, 누군가가 나를 안쓰럽게 바라보는 이유가 되었다. 고립은 상황인데, 사람들은 그것을 '감정의 결함'처럼 해석한다.

사람들은 혼자 있는 사람을 보면, 그것이 스스로 선택한 것이든 어쩔 수 없이 받아들인 것이든 마치 뭔가 부족하거나 결핍된 상태에 놓인 것처럼 해석하곤 한다. 그래서 '혼밥', '혼영', '혼행' 같은 단어들이 생겨났고, 혼자 있는 일상조차 꼭 특별한 설명을 붙여야 할 것처럼 여긴다.

하지만 혼자 있는 일을 따로 명명한다는 사실 자체가 이미 이 사회는 '혼자 있음'을 비정상적인 상태로 본다는 증거다. 더 심각한 건, '혼자 있음'이 곧 외로움, 고립, 심지어 불행과 같은 기호로 연결된다는 점이다.

혼자 있는 사람에게는 '왜?'라는 질문이 붙고, 관계없는 상태를 유지하면 '문제'라는 인식이 따라온다. 마치 혼자 있는 것 자체가 설명해야 할 '딱한 사정'처럼 여겨지는 구조다.

이런 구조 속에서 고독은 선택이 아니라 결핍처럼 오해된다.

그러니 사람들은 혼자 있는 능력을 잃고, 타인의 목소리와 연결 속에서만 안도하게 되는 '의존 상태'에 머물게 된다.

그러나 고독은 설명하지 않아도 되는 상태이며, 누구에게 보여주지 않아도 되는 시간이다.

혼자 있는 시간을 인정하지 않는 사회에선 감정을 느낄 틈도, 자신을 돌아볼 여유도 사라진다. 그렇게 감정은 무뎌지고, 존재는 점점 희미해진다.

### 나와 함께 있는 시간, 그것으로 충분하다

고독은 누구에게도 설명하지 않아도 되는 시간이다. 말하지 않아도 되는 상태, 보여주지 않아도 되는 얼굴, 그 안에서 우리는 비로소 '나'와 단둘이 마주하게 된다. 물론 그 시간은 처음엔 낯설고, 불안하고, 때론 서글프다.

침묵은 생각보다 크고, 혼자 있는 순간은 나 자신을 너무 가까이에서 적나라하게 보여준다. 그래서 처음에는 피하고 싶고, 얼버무리고 싶다.

하지만 기억하자. 고독은 비어 있는 시간이 아니라, 나로 채워지는 시간이다. 누구와도 연결되지 않은 순간에도 무너지지 않겠다는 조용한 선언이자 나를 키우는 연습이다.

오늘 당신이 홀로 있는 시간이 조금 불편하게 느껴졌더라도, 그 시간 속에서 남이 아닌 당신 자신의 감정과 조용히 머물렀다면 그건 이미 혼자 있는 법을 배워가고 있다는 증거다. 그러니 오늘 하루의 끝에 이 문장을 마음에 새겨보자.

"나와 함께 있는 시간을 견딘다는 건, 나를 잃지 않겠다는 선언이다."

## 감정에도 거리두기가 필요하다

"감정은 이성보다 먼저 반응하지만,

그것을 다스리는 힘은 이성에서 비롯된다."

『의지와 표상으로서의 세계』 제1권 §17 사상 中

하루에도 수십 번, 그녀는 감정을 억눌렀다. 콜센터 수신음이 울릴 때마다 마음속에 떠오르는 짜증이나 서러움은 입 밖으로 나올 틈도 없이 삼켜졌다.

"왜 이렇게 일 처리가 느려요? 당신이 문제를 만들고도 왜 책임을 안 지죠?"

"죄송합니다. 고객님 말씀 이해했습니다."

오로지 그녀가 할 수 있는 말의 전부였다. 그저 되묻지도, 감정을 표현하지도 않았다.

상담이 끝나고 이어지는 몇 초간의 정적. 그 짧은 순간마다 그녀는 자신이 감정을 잘 다룬 사람이라는 증거를 남긴 듯 스스로 다독였다. 하지만 진짜 문제는 바로 그 감정을 '느끼지도 않은 것처럼' 무시한 채, 다음 통화로 넘어가는 일이었다.

그녀는 점점 화가 나는 일에 무감해졌고, 억울한 상황 앞에서도 감정을 분류하고 처리하듯 정리하려 했다. 슬픔이나 분노는 '일의 방해물'이 되었고, 감정은 자꾸만 미뤄야 할 무언가가 되어갔다.

　가끔은 전화를 끊고 나서 눈물이 날 것 같은 때도 있었다. 그러나 그녀는 이미 익숙하게 훈련된 사람처럼 감정을 빠르게 밀어내는 법을 알고 있었다.

　동료들 앞에서 감정을 드러내는 건 미숙한 일처럼 여겨졌고, 감정의 표출은 '프로페셔널하지 못한 태도'로 치부됐다. 그래서 그녀는 감정을 표현하지 않는 것이 아니라, 감정을 '지워내는' 쪽을 택했다. 하지만 감정은 지운다고 사라지지 않았다.

　누적된 감정은 퇴근길 한숨으로, 아무도 없는 방 안에서의 무기력으로, 때론 알 수 없는 짜증과 피로감으로 되살아났다. 그러면서도 그녀는 자꾸만 자기 자신에게 되묻곤 했다.

　'내가 너무 예민한 걸까?'

　'다들 이 정도는 그냥 넘기고 사는 거 아닐까?'

　그러나 감정을 무시하는 것은 곧 '나'라는 존재의 반응을 무시하는 일이었다.

　그녀가 겪고 있는 것은 감정의 과잉이 아니라, 감정과 너무 가까워지지 않으려는 자기방어 기재의 작동이었다. 그리고 그 방어는, 차츰 감정에 대한 감각 자체를 무디게 만들고 있었다.

## 감정에도 거리를 둘 줄 알아야 한다

쇼펜하우어는 감정에 휩쓸리는 상태를 경계했다. 그는 감정에 압도되면 이성은 마비되고 세계는 고통으로만 채워진다고 보았다. 이 때문에 오히려 감정을 억누르거나 없애기보다, 감정과 거리를 둠으로써 그것을 이해하고 다루는 법을 강조했다.

감성을 '거리를 두고 바라보는 능력'이야말로 인간의 정신이 도달해야 할 하나의 형태라고 여긴 것이다. 고통은 통증처럼 밀려오지만, 고통을 인식하는 순간 우리는 그 고통으로부터 한 걸음 물러나게 된다.

쇼펜하우어는 말했다.

"우리가 고통을 인식하고 관찰할 수 있다는 것은, 그 감정에 휘둘리는 존재가 아니라 다룰 수 있는 존재임을 뜻한다."

감정도 마찬가지다. 감정은 자연스러운 반응이지만, 그 감정에 눌리지 않고 '그 감정을 느끼는 나'를 바라볼 수 있을 때 비로소 우리는 그 감정에 휘둘리지 않고 그것을 조율할 수 있다.

콜센터에서 매일 쏟아지는 항의와 무례한 언사 속에서도, '내가 느낀 감정'을 그냥 밀어내거나 억지로 눌러두기보다는, 그 감정을 옆에 두고 바라볼 수 있어야 한다. 그게 거리두기이다.

감정은 억제의 대상이 아니라 '적절한 거리에서 이해하는 대상'이어야 한다. 그 거리를 유지할 수 있을 때, 감정은 더 이상 나를 삼키는 괴물이 아니라 내가 다룰 수 있는 하나의 파동이 된다.

## 감정이 사라지는 구조 속에서

한국 사회에서 감정을 거리 두고 바라본다는 건 단순한 자기 조절의 문제가 아니다. 우리 사회는 감정을 통제해야 하는 것으로 가르쳐 왔다. 서비스 노동이나 감정노동의 영역에 있는 이들은 감정을 드러내는 순간, '미숙한 사람', '프로답지 못한 사람'이라는 평가를 받는다.

불쾌해도 웃어야 하고, 억울해도 침묵해야 한다. 분노는 문제를 일으키는 감정으로 치부되고, 슬픔은 약자의 감정으로 간주된다. 결국 많은 이들이 감정을 스스로 제거하거나, 무시하거나, 부정한 채 살아가게 된다.

특히 콜센터, 항공·호텔 서비스직, 돌봄 노동자처럼 감정을 '일의 일부'로 제공해야 하는 직군은 매일 감정의 절반을 '삭제'한 채 일터에 나선다.

이 구조는 사람들의 감정 감각을 점점 무디게 만든다. 감정은 느낄 여유가 없으면 무뎌지고, 표현할 수 없으면 왜곡되며, 받아들여지지 않으면 병이 된다.

누군가는 "그건 노동의 대가 아니냐?"라고 말할 수도 있다. 하지만, 이 구조는 단순한 업무의 문제가 아니라, 감정을 억누르도록 만들어진 시스템의 결과다.

우리는 언제부터인지 '무감정한 프로페셔널'을 이상적 모델처럼 여기기 시작했고, 그 과정에서 감정과 거리 두는 법이 아니라, 감정을 사라지게 하는 법만 배워왔다.

결국 이 사회는 감정의 '통제'를 개인의 책임으로 돌린 채, 그 감정을 만들어 내는 구조와 환경에 대해 질문하지 않는다.

억눌린 감정이 왜 생겼는지보다, 그 감정을 왜 드러냈는지를 먼저 문제 삼는다. 그래서 분노는 관리 대상이 되고, 슬픔은 부적절한 감정이 되며, 감정 그 자체는 점점 존재감을 잃어간다.

## 감정에도 숨 쉴 공간이 필요하다

하루에도 수십 번 웃고, 사과하고, 참으며 당신은 오늘도 미리 정해놓은 목소리와 말투로 감정을 눌러두었을지도 모른다. 하지만 그건 당신이 감정 없는 사람이어서가 아니다. 오히려 감정의 파도에 휩쓸리지 않기 위해 애써 중심을 지켜낸 결과다.

그러니 오늘 그 억눌렀던 감정이 문득 올라오더라도 당신의 잘못이 아니다. 감정은 터뜨릴 필요도, 억지로 사라지게 할 필요도 없다.

다만, 그 감정이 내 안에 있음을 인지하고 그 감정과 나 사이에 약간의 '틈'을 만들어 주는 것. 잠시 눈을 감거나 조용히 숨을 고르며 그 감정과 나 사이에서 한 발짝 물러서는 것. '지금 내가 이런 감정을 느끼고 있구나' 생각하며 그저 한 박자 느리게 바라보는 것. 그것만으로도 충분하다.

하루의 끝, 잠자리에 들기 전 내 안에서 서서히 올라오는 감정을 바라보며 "그래, 오늘도 참 많이 힘들었구나"라고 조용히 말해보자. 그 말 하나가 당신의 내면을 어루만져 줄 수 있다. 그리고 이 문장을 오늘 하루의 끝에 마음속에 조용히 새겨보자.

"감정을 억누르지 않아도 괜찮다. 그 감정이 당신을 덮치려 할 때 한 걸음 물러나 바라볼 수 있다면, 당신은 이미 충분히 잘하고 있다."

## 외로움이 나를 지킨다

"고독을 견디는 능력은, 타인의 존재 없이도
자기 자신과 함께 있을 수 있는 힘이다."

『의지와 표상으로서의 세계』 제2권 §39 사싱 中

가끔은 너무 많은 말에 파묻힐 때가 있다. 그날도 그랬다.

메일, 메신저, 전화, 카톡, DM.

사무실 책상 위엔 '지금 바로 확인해 주세요'라는 메모가 쌓여 있었고, 스마트폰은 마치 긴급구조 장비처럼 쉴 새 없이 진동음을 토해댔다.

그녀는 출판사 마케팅팀장이다. 저자의 고집, 독자의 민원, 내부 보고 일정 사이에서 감정을 조율하는 일이 하루 대부분이다. 대답을 미루면 무책임하다는 말을 듣고, 거절하면 공감 능력이 부족하다는 평가가 돌아왔다. 그래서 항상 '알겠습니다', '바로 확인해 보겠습니다', '죄송합니다'로 시작하고 끝내야 했다.

처음엔 이런 일도 다 사람들과 부딪히며 성장하는 과정이라 여겼다. 하지만 어느 순간부터 일이 아니라 감정이 그녀를 갉아먹기 시작했다.

새벽 세 시에 날아온 작가의 피드백, 퇴근 직전 터진 온라인 댓글 논란, 회의 중 말없이 날아오는 상사의 '물음표 하나'. 그 모든 게 그녀에겐 '지금 당장 반응해야만 살아남을 수 있다'는 위협처럼 느껴졌다.

그러던 어느 날, 그녀는 갑자기 모든 알림을 껐다.

회사 메신저 로그아웃, 휴대폰 알림 차단, 카톡 상태 메시지 창 '부재중'.

혼자라는 사실이 어색했지만, 낯설지는 않았다. 오히려 그 고요 속에서 처음으로 '안전하다'라는 느낌을 받았다. 그녀는 그제야 알게 됐다. 늘 누군가의 반응에 따라 흔들리던 자신이, 스스로에게서 너무 멀어져 있었다는 걸. 그리고 그 단절은, 외로움이 아니라 나를 지키는 방어선이 될 수 있다는 걸.

## 혼자라는 선택, 자기 보존의 지혜

쇼펜하우어는 '고독을 견디는 능력은 타인의 존재 없이도 자기 자신과 함께 있을 수 있는 힘'이라고 했다. 그는 인간이 타인의 인정을 통해 자신의 가치를 확인하려는 존재임을 이해했지만, 동시에 그런 인정이 오히려 정신을 피로하게 하고 자아를 흔든다고 보았다. 그래서 고독은 그에게 타인과 단절된 상태가 아니라, 타인의 인정 없이도 자아를 보존할 수 있는 내면의 훈련이었다.

그는 말했다.

"많은 사람 속에 있어도 외롭지만, 혼자 있어도 평온할 수 있다면, 그 사람은 이미 자기 내면에 닿아 있는 존재다."

고독은 도피가 아니다. 그것은 자신과 함께 머무는 연습이며, 타인의 시선 없이도 온전한 감정으로 존재할 수 있는 상태다.

현대인은 관계의 밀도 속에서 자아를 소진한다. 너무 많은 피드백, 너무 빠른 반응, 지나치게 다양한 감정의 소비 속에서 우리는 '생각할 틈'보다 '대응할 준비'를 먼저 요구받는다. 그 속에서 침묵하거나 물러나는 행위는 때때로 무책임으로 해석되지만, 쇼펜하우어는 다른 면을 주목한다.

단절은 외면이 아니라, 자기 보존 수단일 수 있다는 것. 그녀가 선택한 침묵과 고립은 누군가에겐 '소통의 단절'처럼 보였을지 모르지만, 사실 그것은 '내면으로의 회복'이자 감정의 과잉으로부터 자신을 지키기 위한 최소한의 경계선이었다.

## 외로움을 금기시하는 사회에서

한국 사회는 '연결'과 '반응'을 생존 조건처럼 여긴다.

카톡 답장의 속도, 회의 중의 침묵, 전화 부재의 이유조차 개인의 성실함이나 태도로 해석된다. 잠시 연락을 미뤄도, 메신저를 꺼놔도, 심지어 말수가 줄어들어도 '비협조적'이라는 평가는 빠르게 따라온다.

우리는 항상 곁에 있어야 하고, 즉시 응답해야 하며, 감정적으로도 열려 있어야 한다는 무언의 압박 속에서 살아간다. 특히 '항상 반응해야 하는 자리'에 놓인 사람들. 예컨대 마케팅·기획·홍보처럼 관계와 피드백의 흐름에 민감한 직군일수록 '혼자만의 시간'은 사치가 아니라 회복을 위한 필수 조건이다.

그들은 타인의 일정과 감정, 말투와 리듬에 맞춰 하루를 조율한다. '읽씹' 하나, 말끝의 마침표 하나에도 신경을 곤두세우며 반응을 설계해야 한다. 이처럼 타인의 흐름에 맞춰 살아가는 사람에게는 잠시 멈추고 고요해지는 시간이 필요하다. 그것은 도피가 아니라 자기 보존의 리듬이다.

물론 출판사 팀장인 그녀처럼 모든 소통을 차단하는 방식은 누구에게나 가능한 선택은 아니다. 그건 단지 한계에 다다른 결과였을 뿐, 일상에서 우리는 그보다 훨씬 미세한 '단절의 틈'을 만들어야 한다.

잠시 알림을 꺼두는 것, 회신을 늦추는 것, 스스로 고요해지는 시산을 가지는 것. 그것은 무책임함이 아니라, 자기감정을 지키기 위한 최소한의 조율이다.

단절은 태도가 아니다. 회복을 위한 리듬이다. 그마저 허락하지 않는 조직문화 속에서 사람들은 점점 더 '항상 응답하는 사람'이 되어간다.

침묵은 수동성으로, 피드백 지연은 무성의함으로 간주되는 사회. 그런 시선 앞에서 외로움은 결핍이 아니라 관계의 과잉으로부터 나를 지키기 위한 마지막 방어선이 된다.

### 혼자 있음은, 나를 지키는 조용한 방어선이다

가끔은 말이 아닌 침묵이, 연결이 아닌 단절이 당신을 지켜준다.

모두 '빨리 반응하고, 즉시 응답하라'고 요구할 때, 당신은 조용히 알림을 껐을지도 모른다. 그건 무책임해서가 아니라, 너무 오래 흔들렸기 때문이다.

혼자 있는 시간을 견디는 건 쉬운 일이 아니다. 하지만 그 시간이 조금씩 익숙해졌다면, 당신은 이미 스스로 지켜내고 있다는 뜻이다.

혼자라는 감각은 외로움이 아니라, 복잡한 세계에서 나를 분리해 두는 최소한의 거리일 수 있다. 오늘 하루, 너무 많은 소리에 지쳤다면 잠시 연결을 멈추고, 조용히 숨을 골라도 괜찮다. 그 단절 속에 있는 나는 무너진 게 아니라, 회복 중인 것이다.

혼자라는 사실이 외로운 게 아니라, 그 혼자 있음이 나를 지켜주고 있다는 것. 그걸 잊지 말자. 그리고 오늘 하루 끝에 이 문장을 조용히 되뇌어 보자.

"혼자인 나도 아주 괜찮다. 고요 속에서 나는 조금씩 다시 살아난다."

## 오늘도 혼자인 나에게

> "인간은 고독 속에서만 진실로 자신과 마주할 수 있다.
> 침묵은 타인의 목소리가 아닌, 내면의 목소리를 듣게 해준다."
>
> 『의지와 표상으로서의 세계』 제2권 §42 사상 中

일요일 오후, 커피를 내린 뒤 소파에 앉았다. 딱히 할 일은 없었지만, 오히려 그게 좋았다. 누구에게도 방해받지 않고, 말 한마디 섞지 않아도 되는 이 고요가 나에겐 필요했다.

다니던 인터넷 신문사에서 나와 프리랜서 번역 일을 시작한 지 벌써 3년. 처음엔 불안했지만, 지금은 익숙하다.

퇴근길의 피로도, 사무실 안의 긴장감도, 회식 후의 허탈함도 사라졌다. 대신, 혼자 있는 시간이 많아졌고 내 리듬대로 하루를 쓸 수 있게 되었다.

모두가 내 선택이고, 내 책임인 삶. 조금은 버거우면서도 조금은 자유로운 이 삶이 싫지는 않다.

몇 시간쯤 그렇게 흘렀을까. 잠시 휴대폰을 켰다가 친구들의 단체 여행 사진을 보게 되었다. 화면 속엔 저마다 해맑게 웃고 있는 얼굴들, 옆에 기대고 있는 어깨들, 농담과 핀잔이 오갔을 법한 대화의 잔상이 어지럽게 담겨 있었다. 그리고 나는, 그 사진을 몇 초간 바라보다가 휴대폰을 껐다.

마치 잠깐 숨을 멈췄던 것처럼, 심장이 불편하게 쿡 내려앉았다. 부럽다는 생각이 먼저 떠오른 건 아니다. 그보다 먼저 스친 건 아주 미세한 자책 같은 감정이었다.

'나는 왜 저런 순간을 만들지 않았지?'

'나만 혼자라는 생각, 너무 오래 들키지 않고 잘 버틴 거였나?'

하지만 이내 그 생각을 조용히 밀어냈다. 나는 지금 이 시간이 싫지 않다. 늘 그렇듯 나의 일상은 이렇게 조용하고 단정하게 흘러가야만 했다.

그러면서도 문득 알게 되었다. 외로움은 꼭 '누가 없어서' 찾아오는 게 아니란 걸. 지금처럼 고요히 잘 지내던 어느 날, '나를 이해해 주는 사람이 아무도 없을지도 모른다'라는 생각이 들 때, 외로움은 아주 조용히 찾아온다. 그 순간 나는 사람 사이의 거리보다 감정 사이의 거리가 더 깊이 다가올 수 있다는 걸 배웠다.

그리고 그런 날엔, '혼자인 나'가 불쑥 낯설게 느껴진다.

### 혼자의 시간, 침묵의 진실

쇼펜하우어는 인간이 가장 깊이 자신을 이해하는 순간이 '타인과의 대화가 끊긴 시간'이라고 말했다. 그 침묵 속에서 우리는 비로소 외부에서 들려오는 목소리가 아닌 내면의 목소리를 듣게 된다. 그 목소리는 작고, 종종 불편하며, 때로는 아주 낯설다.
하지만 그 불편함이야말로 자기 인식의 시작이다.
쇼펜하우어는 말했다.

"인간은 고독 속에서만 진실로 자신과 마주할 수 있다. 침묵은 타인의 목소리가 아닌, 내면의 목소리를 듣게 해준다."

이 말은 단순한 고독 예찬이 아니다.
고독은 우리에게 '타인의 기준으로 판단되는 존재'가 아닌, '있는 그대로의 나'를 발견할 수 있는 공간이라는 뜻이다. 사회가 요구하는 '소속감'이란 이름으로, 우리가 얼마나 많은 감정과 생각을 눌러왔는지 생각해 보면, 혼자 있는 시간이야말로 자신에게 가장 진실한 삶의 순간일지 모른다.
하지만 그렇다고 해서, 혼자의 시간이 편안하게 휴식하는 시간만은 아니다. 혼자 있는 시간 속에서 말로 설명되지 않는 감정, 미처 해석하지 못한 상처, 오래전부터 누락돼 있던 질문이 함께 떠오르기 때문이다.

그건 꽤 불편하다. 우리는 그 불편한 침묵을 피하려고 사람을 만나고, 휴대폰 화면을 켜고, 약속을 만든다. 그러나 쇼펜하우어는 말한다. 그 감정들이야말로 '진짜 나'를 구성하는 것들이며, 그 고요함을 통과할 때 인간은 비로소 자기를 회복한다고. 혼자라는 상태는 결핍이 아니라, 감정을 외면하지 않고 끝까지 바라보는 힘의 발현이라고.

고요히 혼자 있는 시간은 외로움이 아니라 자신의 감정과 대화가 시작되는 시간이다. 그 대화는 아무도 듣지 못하지만, 그 누구의 말보다 정확하게 나를 이해하게 만든다.

## 혼자라는 말에 붙는 부당한 수식어들

1인 가구가 전체 가구의 3분의 1을 넘는 시대이다.

통계만 보면, '혼자 사는 사람'은 더 이상 특별하지 않다. 그러나 현실에서 혼자 있는 삶은 여전히 설명이 필요한 삶으로 취급된다.

"혼자예요?", "왜요?", "괜찮으세요?"

이런 질문은 걱정의 탈을 쓰고 있지만, 사실상 혼자인 상태를 정상 밖 어딘가에 위치시키는 불편한 시선이다.

'혼자'라는 단어에 늘 따라붙는 건 독립이 아니라 결핍, 자유가 아니라 고립이다. 그러다 보니 사람들은 자신이 혼자라는 사실을 설명하거나 감춰야 하는 일로 받아들인다. 식당에 혼자 들어가면 입구에서부터 괜히 당황하게 되고, 여행지에서는 셀카를 찍는 일이 은근한 긴장이 된다.

우리는 여전히 누군가와 함께 있어야 온전한 사람처럼 여겨지는 구조 속에 살고 있다. 그 구조는 외로움을 만들어 내는 게 아니라, 외로움을 부끄러워하게 만든다. 혼자라는 사실이 슬픈 게 아니라, 혼자 있는 나를 누군가가 불쌍하게 볼까 봐 슬픈 것이다. 이 감정은 사회가 고독을 '관리되어야 할 문제'로 규정할 때 생긴다.

고독은 감정의 퇴행이 아니라 인식의 공간임에도 불구하고, 우리는 고독한 사람을 '돌봐야 할 사람'으로 바라본다. 하지만 혼자는 '상태'이지, '상황'이 아니다.

1인 가구는 소외된 존재가 아니라, 자기 삶의 리듬을 스스로 조율하는 주체적인 존재다. 그리고 이 구조 안에서 필요한 것은 "혼자 있어도 괜찮다."라는 말의 공감자들, 즉 혼자인 사람을 굳이 이해하거나 연민하지 않으려는 태도다.

혼자라는 상태가 더 이상 해명되지 않아도 되는 사회. 그런 사회가 고독을 품위 있게 만든다.

### 혼자 있는 당신을 이해받게 하도록

당신이 혼자라는 이유만으로 설명해야 했던 순간들이 있었을 것이다. '괜찮다'라는 말을 꺼내기도 전에 누군가의 시선은 당신을 걱정했고, 당신은 그 걱정을 되레 안심시키기 위해 애써야 했을지도 모른다. 그럴 때마다 당신은 조금씩 말이 줄어들었을 것이다.

"그냥요.", "혼자가 편해서요.", "바빠서요."

하지만 그런 말들 뒤에는, 누구보다 자신을 들여다보려 했던 당신의 시간이 있었다. 누구에게도 설명할 수 없고, 누구도 대신 들어주지 않는 그 조용한 시간.

이 글을 쓰는 건 그 시간을 이해받게 하려는 의도이다.

당신이 혼자 있었던 날들이, 실은 자기 자신을 돌보고 있었다는 증거라는 걸 말해주고 싶어서다. 혼자 있다고 외로운 건 아니듯, 함께 있다고 안심되는 것도 아니다.

진짜 위로는, 누군가가 당신을 바꾸려 하지 않고, 있는 그대로를 '지켜봐 주는 일'에서 시작된다. 그러니 오늘도 혼자인 당신, 그저 그렇게 있는 것으로 충분하다는 말을 조심스럽게 전하고 싶다.

누구보다 조용히, 누구보다 단단하게 자기 삶을 살아내고 있는 당신에게.

그 고독 속에서도 자신을 잃지 않은 당신에게.

참 잘 버텨왔다고, 참으로 자랑스럽다고.

*"고독은 피해야 할 것이 아니라, 당신의 삶을 지켜주는 형태다."*

4장 나 자신으로 살아간다는 것

"우리는 끊임없이 다른 사람의 시선에 자신을 맞추려 한다.
그러나 진정한 존재는,
타인의 관찰이 멈춘 곳에서 시작된다."

『의지와 표상으로서의 세계』 제1권 §30 사상 中

: 타인의 기대에서 벗어나 자기 자신으로 존재하기 위한, 의지의 윤리학

쇼펜하우어는 인간이 타인의 눈을 통해 자신을 바라보는 존재라고 했다. 우리는 끊임없이 누군가에게 설명 당하고, 규정당하며, 거울처럼 반사된 타인의 시선을 통해 자신을 정의하려 든다.
그러나 그는 분명히 경고했다. 자기 삶의 중심이 외부에 있을 때, 인간은 진정한 의지를 상실하게 된다고. 그 의지는 단순한 욕망이 아니라, 스스로 선택하고 책임지는 존재로 살아가기 위한 내면의 힘이라고.

이 장은 '나는 누구인가'라는 오래된 물음을 오늘의 언어로 다시 묻는다. 사회가 요구하는 '좋은 사람' '정상적인 삶' '성공한 인간'이라는 기준은 때로, 우리가 자신으로 존재하는 일을 방해한다. 우리는 칭찬을 통해 살아가지만, 그 칭찬이 어느 순간 타인의 기대와 통제의 수단이 되기도 한다. 이제는 되묻고 싶다.
"나는 내가 선택한 삶을 살고 있는가?"
"내가 내리는 판단은 정말 내 것인가?"
쇼펜하우어는 도덕을 '타인을 해치지 않는 자율성'이라 정의했다. 타인을 의식하지 않은 무책임이 아니라, 타인을 배제하지 않으면서도 나로 살아가기 위한 절제의 윤리. 그 윤리 위에서, 남에게 해를 끼치지 않으면서도 자신을 훼손하지 않는 법을 배워야 한다.
'나 자신으로 살아간다는 것'은 고립도, 자기애도 아니다. 그것은 타인의 환호 없이도 나를 지지하는 조용한 의지이며, 어떤 평가에도 흔들리지 않는 내면의 나침반을 세우는 일이다.

"나는 지금, 나의 의지로 살고 있는가?"

## 도덕은 타인의 시선에서 시작된다

"우리는 타인의 시선에 스스로를 의탁하며,
결국 타인의 판단을 통해 자신의 가치를 정한다."

『의지와 표상으로서의 세계』 제1권 §30 사상 中

서른여덟, 그는 로펌에서 일한 지 이제 막 7년 차에 접어들었다. 처음부터 이 일에 확신이 있었던 건 아니다. 다만, 법과 법리(法理)를 다룬다는 사실에 어릴 적부터 왠지 모를 사명감 같은 게 있었다. 그래서인지 사건을 맡으면 누구보다 기록을 꼼꼼히 검토했고, 필요 이상으로 언행을 절제했다.

"참 성실한 친구야."

"그 친구는 뭘 맡겨도 문제 안 일으켜."

이런 평판이 싫지 않았다. 그것이 그의 윤리였고, 그 윤리가 곧 자존심이었다.

그러던 어느 날, 내부 비리를 암시하는 사건 기록 하나가 손에 들어왔다. 기업의 하청노동자 산재와 관련된 자료였고, 단순한 정리 사건이라 넘기려던 순간 이메일에서 이상한 문장을 발견했다.

"이건 원청 쪽에도 책임이 있다는 판단이 있었으나, 조정으로 종결 방향 유도 바랍니다."

그 문장을 본 순간 그는 마음이 흔들렸다. 의뢰인은 대기업이었다. 사건을 맡긴 파트너 변호사가 은밀한 제안을 건넸다.

"굳이 들추지 않아도 될 문제야. 회사 쪽에서 원하는 건 조용한 종결이니까."

그는 아무 말 없이 고개를 끄덕였지만, 머릿속은 어수선했다.

'이게 맞는 건가? 내가 알고 있는 법이란 건 대체 뭐였지?'

하지만 그 순간, 머릿속에 떠오른 건 이상하게도 윤리 교과서의 문장이 아니라 '그의 평판'이었다. 괜히 이 일로 시끄럽게 만들었다는 이야기가 돌면 어쩌지. 내가 뭘 하든, 이 조직에서는 내가 바꾸는 게 아니라 적응하는 쪽이 맞는 거겠지.

그는 조정안에 서명했다.

그날 집으로 돌아오는 길엔, 우연처럼 비가 내리고 있었다. 옷깃에 맺힌 비를 털며 그는 자기 자신에게 물었다.

'나는 오늘, 도덕적으로 올바른 결정을 한 걸까, 아니면 누군가에게 도덕적으로 보이는 선택을 한 걸까?'

그 질문이 마음에 박힌 채, 말 없이 운전대를 그러쥐었다.

### 도덕은 왜 타인의 눈을 의식하는가?

쇼펜하우어는 인간이 스스로 인식하는 방식에 대해 "우리는 자신을 인식하기 전에, 타인이 나를 어떻게 보는지를 먼저 궁금해한다."라고 했다. 그에게 인간은 근원적으로 '타인의 시선에 민감한 존재'다.

우리는 도덕적으로 행동하려는 것이 아니라, 도덕적으로 보이고 싶어 하는 욕망이 있다. 그 욕망은 본질적으로 나약하지 않다. 오히려 너무나 인간적이다.

그러나 문제 되는 건, 그 시선을 '판단 기준'으로 착각하는 순간이다. 쇼펜하우어는 이렇게 말한다.

"우리는 타인의 시선에 자신을 의탁하며, 결국 타인의 판단을 통해 자신의 가치를 정한다."

이 말은 윤리의 출발이 타인의 인정일 수밖에 없다는 뜻이 아니다. 오히려, 그 시선을 '윤리적 잣대'로 삼기 시작할 때, 인간은 자기 삶의 중심을 타인에게 넘기게 된다는 경고다.

도덕이 타인의 칭찬을 얻기 위한 행동으로 전락하면, 그건 더 이상 '선의 실천'이 아니라 '이미지 관리'일 뿐이다. 그렇다면 도덕은 어디서 시작되어야 하는가? 쇼펜하우어의 답변은 이렇다.

"진정한 도덕은 타인의 칭찬을 바라는 마음에서가 아니라, 그를 해치지 않으려는 내면의 의지에서 나온다."

그는 도덕을 '타인을 위한 배려'가 아니라 '타인을 해치지 않으려는 자제'라고 보았다. 이 차이는 크다.

보여주기 위한 행위는 언제든 방향을 바꿀 수 있지만, 내면에서 길러낸 자제력은 '보이지 않는 순간에도 유지되는 윤리'이기 때문이다. 결국 도덕이란, 누가 보고 있을 때만 작동하는 감정이 아니라 아무도 보지 않을 때조차 꺾이지 않는 의지에서 비롯된다는 것이다.

## 도덕보다 이미지가 중요한 사회

지금 우리가 사는 사회는 윤리보다 평판이 더 중요한 구조다.

조직은 '문제를 해결하는 사람'보다, '문제를 일으키지 않는 사람'을 선호한다. 능력은 성과로 수치화되지만, 도덕은 애매한 정성적 평가로 남는다.

그러니 사람들은 옳은 선택보다 무난한 선택을 선호한다. 그리고 그 무난함은 곧, 타인의 시선에서 안전하게 살아남기 위한 기술이 된다.

직장에서 '정의로운 사람'은 때로 리스크가 된다. 조직 안의 침묵을 깨는 사람, 불편한 진실을 드러내는 사람, '좋은 사람'이라는 이미지를 스스로 설계하지 않는 사람은 쉽게 고립된다. 그래서 사람들은 자기 기준보다 주변의 기대와 시선에 따라 자신의 도덕적 수위를 조절한다.

"저 친구는 참 착해.", "괜히 나서지 않고 일 잘해."

이 문장 속에는 보이지 않는 요구가 숨어 있다.

'문제 만들지 말고, 튀지 말고, 조용히 존재해달라'는 요청. 그 요구에 응답하기 위해 우리는 불편한 진실은 모른 척하고, 불합리한 일도 조용히 넘긴다.

그러다 보면 어느새 '타인을 해치지 않으려는 마음'이 아니라, '타인에게 해를 입지 않으려는 태도'가 도덕이 되어버린다.

도덕은 타인의 인정을 얻기 위한 장치가 아니어야 한다. 그러나 지금의 구조는 도덕을 인간의 내면이 아니라, 사회적 생존 전략의 일부로 만든다.

그리고 그 구조 속에서 우리는 점점 더 자주, '옳음'이 아니라 '무탈함'을 선택한다.

### 보이기 위한 윤리보다 지키기 위한 윤리를 위하여

살다 보면, 착한 사람으로 보이기 위해 자신의 감정을 눌러야 할 때가 있다. 조직의 균형을 깨지 않기 위해 옳다고 믿는 걸 말하지 않을 때도 있다. 그리고 그런 날들이 쌓이면, 우리는 결국 '내가 진짜로 옳다고 생각하는 게 뭔지'조차 잊는다.

하지만 도덕은 누군가 칭찬해 줘야만 유지되는 것이 아니다. 그건 누가 보고 있지 않아도 내 안에서 '그건 아니야'라고 말할 수 있는 조용한 힘이며 용기이다.

오늘도 당신은 어쩌면, 그냥 넘어가자고 말하는 사람들 사이에서 혼자만 조심스럽게 발을 멈췄을지도 모른다. 그게 눈에 띄지 않아도 괜찮다.

도덕이란 원래, 드러내기 위한 것이 아니라 자기 자신에게 당당하기 위한 것이니까. 그러니 기억해도 좋다.

보여주는 윤리는 타인을 안심시키지만, 지키는 윤리는 당신을 지켜준다. 그리고 당신이 조용히 지켜낸 그 기준 하나가 어쩌면 지금, 이 복잡한 사회 속에서 가장 단단한 윤리일지도 모른다.

오늘 하루, 자기 내면을 당당하게 지켜낸 당신에게 이 말을 전하고 싶다.

"당신이 옳았다는 걸 굳이 증명하지 않아도 된다. 단지, 그 옳음을 지키고 있었던 당신 자체면 충분하니까."

## 나는 나로 충분한가?

"개인의 존재는 외부의 판단에 따라 정의되지 않는다.
오직 내면의 의지가 그 존재의 실체를 이룬다."

『의지와 표상으로서의 세계』 제2권 §18 사상 中

오전 10시 32분.

팀 회의실에서 그녀는 프레젠테이션 자료를 띄운 채, 자잘한 피드백을 받아 적고 있었다.

"디자인 너무 예쁜데, 요즘은 감성보다 임팩트 쪽이죠."

"메인 슬로건 톤이 살짝 구려요. 요즘 스타일로 갈아봐요."

"이건… 뷰티 광고라기보다 그냥 인스타 감성 아닌가?"

광고회사 디자이너인 그녀.

요즘 들어 디자인이 예쁘다는 말이 더 이상 칭찬으로만 들리지 않았다. 마치, "깔끔한데, 좀 올드하네", "정성을 들인 건 알겠는데, 요즘 트렌드는 이렇지 않잖아."와 같은 말로 바뀌어서 들렸다.

디자인은 유행을 탄다. 감각은 트렌드에 뒤처지면 금세 '늙었다'는 평가를 받는다.

올해 마흔을 앞둔 그녀는 자기도 모르게 늘 젊고 예쁜 후배들의 작업을 먼저 보고 나서야 마우스를 움직이곤 했다. 그게 현명한 방식이라 믿었고, 그래야 뒤처지지 않는다고 생각했다.

퇴근 후, 혼자 집에 돌아와 거울 앞에 섰다.

지친 얼굴, 화장기가 빠진 눈가, 출근용 원피스 대신 운동복 바지를 입은 자기 모습을 보며 문득 이렇게 중얼거렸다.

"난, 지금도 괜찮은 사람인 걸까?"

그녀는 요즘 그런 생각을 자주 한다.

프로젝트가 무난하게 끝나도, SNS에 올릴 만한 성과가 없어 보이면 마음 한쪽이 허전했다. 아무 문제 없이 하루를 버텨냈는데도, 어딘가 부족하다는 느낌이 자신을 갉아먹었다. 성과가 없으면, 보여줄 게 없으면, 비교당하면…, 그저 그런 사람처럼 느껴지는 시간.

그녀는 그날, 침대에 누워 불을 끄고 생각했다.

아무도 보지 않는 방 안에서 조용히 자신에게 묻고 싶었다.

"나는… 나로서 괜찮은 걸까? 지금 나로 충분한 걸까?"

### 존재의 가치는 비교로 증명되지 않는다

쇼펜하우어는 인간의 본질은 비교의 결과가 아니라 내면의 의지에서 비롯된다고 보았다.

"개인의 존재는 외부의 판단에 따라 정의되지 않는다. 오직 내면의 의지가 그 존재의 실체를 이룬다."

이 문장은 우리가 누구인지에 대한 정의가 타인의 인정이나 성과, 이미지에 의해 결정되지 않는다는 뜻이다. 존재란 누군가에게 보이고 설명되는 것이 아니라, 스스로 살아내는 방식 그 자체라는 것이다.

그러나 현실은 너무 자주 반대로 작동한다. 우리는 무언가를 이뤘을 때, 누군가에게 선택되었을 때, 혹은 누군가보다 나아 보일 때 비로소 자신을 긍정할 수 있게 배워왔다. 그래서 아무것도 하지 않은 날, 아무도 나를 바라보지 않는 순간, 자기 존재가 흐릿해지는 걸 느낀다. 그건 극도의 공포와 불안감으로 다가온다.

'내가 괜찮은 사람이라는 걸 증명할 만한 근거'를 찾지 못할 때, 존재 그 자체가 부족한 사람처럼 느껴지는 것이다.

하지만 쇼펜하우어는 이렇게 반문한다.

"당신은 왜 자기 자신에게 존재를 입증하려 하지 않는가?"

그는 인간을 비교 불가능한 개체로 보았다.
외부의 시선이나 기준은 언제나 상대적이고, 조건부이며, 취소 가능하다. 그러나 내면의 의지, 즉 자신이 무엇을 선택하고, 어떻게 견디며, 무엇을 위해 살아가는지에 대한 자각은 그 누구도 빼앗을 수 없는 존재의 근거다.
자존은 무언가를 성취해서 얻는 것이 아니라, 존재를 있는 그대로 받아들이는 데서 시작된다.

## '더 나은 나'라는 강박이 만든 자존감의 붕괴

오늘의 사회는 자존을 허용하지 않는다. 대신, 비교와 경쟁을 통해 자신을 갱신하라고 요구한다. 하루에도 수십 번 올라오는 타인의 일상, 성과, 외모, 자격증, 운동 루틴, 자녀 교육…. 그 속에서 우리는 묻는다.
"나는 지금 이대로도 괜찮은가?"가 아니라 "나는 이만큼은 해놨어야 하는 거 아닌가?"
'더 나은 나'라는 말은 겉으로 보기엔 고무적이다. 하지만 실제로 그것은 우리를 지속해서 불만족하게 만드는 구조적 언어다. 우리는 언제나 지금의 나로는 부족하다고 느끼고 더 멋지고, 더 젊고, 더 유능하고, 더 인정받는 타인과의 거리를 줄이기 위해 자신을 닦아낸다.

그러나 문제는 그 비교가 멈추는 시점이 없다는 데 있다.

자존감은 스스로 괜찮다고 말할 수 있는 감각인데, 사회는 그 감각을 인정하지 않는다.

대신 외부로부터의 '인정' '성과' '매력'이라는 조건부 승인을 받아야만 겨우 자존에 도달할 수 있게 만든다. 이 구조 속에서 우리는 점점 '지금 이대로는 불충분하다'라는 감정을 품게 된다. 그리고 그 감정은 아무도 시키지 않아도 나를 조용히 깎아내리고, 의심하고, 작아지게 만든다.

그 결과, 사람들은 자신의 감정이 아니라 '보기에 좋아야 할 나'를 연기하느라 지쳐간다.

존재를 증명하려다, 존재의 감각 자체를 잃어버리는 것이다.

### 증명하지 않아도 괜찮다는 감각

당신은 지금도 어딘가에서 최선을 다하고 있을 것이다.

매일 아침 일어나서 해야 할 일을 하고, 사람들과 어울리고, 문제없이 하루를 마무리했을 것이다. 하지만, 그럼에도 자신에게 이렇게 묻는 순간이 있을 것이다.

"이렇게 살아도 되는 걸까?"

"나는 지금 이대로 괜찮은 사람일까?"

누구나 그런 생각을 한다.

무언가를 보여주지 않으면 불안하고, 무언가 특별한 걸 이뤄야만 가치 있다고 느끼는 사회에서 일상을 반복하며 '가만히 있는 나'는 너무 쉽게 부정당하기 때문이다.

하지만 그럴 때, 이 말을 기억하면 좋다.

'나라는 존재는 성과로 환산되지 않는다.'

당신이 오늘 하루를 잘 견뎌냈다면, 그 자체로 충분히 의미 있는 일이었다는 것, 누군가에게 인정받지 않아도, 잘하고 있다는 말을 듣지 않아도, 당신이라는 존재는 절대 줄어들지 않는다는 것 말이다.

자존이란 "나는 나로 괜찮다."라고 자기에게 말할 수 있는 감각이다. 그 말은 처음엔 어색하고 때론 확신 없이 나올 수도 있겠지만, 그럼에도 자주 반복할 필요가 있는 말이다. 그러다 보면, 당신이 뭘 더 하지 않아도, 누구와 비교되지 않아도 지금 이 모습으로도 충분하다는 걸… 스스로 믿게 될 것이다.

그러니 오늘 하루, 잠들기 전 당신에게 이 말을 건네길 정중히 권한다.

*"나는 오늘도, 나로서 충분했다."*

## 타인의 기대에서 벗어나는 기술

"의지는 모든 고통의 원천이지만,
그 의지를 절제할 때 인간은 비로소 자유로워진다."

『의지와 표상으로서의 세계』 제4권 §68 사상 中

사무실 안이 잠시 술렁였다.

임직원 단체 메신저에 '이노셀, ○○○그룹과 기술이전 협상 결렬'이라는 기사가 올라온 직후였다.

"대표님, 이건 진짜 맞는 결정인 거죠?"

"이 정도 조건이면 웬만한 '스타트업'은 바로 팔았을 텐데…."

남자는 조용히 고개를 끄덕였다. 남자의 회사는 소프트웨어 기술 기반의 중소기업이었다.

물리적인 장비보다 알고리즘과 데이터 해석 구조로 경쟁하는 형태였고, 수익은 크지 않지만, 분기마다 안정적 흐름을 유지하고 있었다. 이번 제안은 국내 굴지의 대기업이 이 기술을 인수하거나, 일부 지분을 확보한 뒤 '공동 브랜딩'으로 시장에 내놓겠다는 조건이었다.

수치만 보면 매력적인 제안이었다. 지분 보장, 해외 진출, 상용화 일정까지 확보된 계약안. 팀원들도, 투자사도, 업계 사람들도 당연히 이건 받아야 한다는 표정이었다.

　하지만 그는 며칠을 망설인 끝에 거절했다. 그 결정은 생각보다 훨씬 조용하게 내려졌다.

　"우리가 가진 기술, 아직 스스로 시장을 경험해 본 적이 없잖아요. 누군가의 유통망 없이, 브랜드 없이, 우리 이름만으로 해 본 적이 없어요."

　그는 마치 스스로에게 말하듯 그렇게 말했다.

　사람들은 고개를 갸웃거렸다.

　"보수적이다.", "자존심 싸움이다.", "현실을 모른다."라는 말도 돌았다. 심지어 어떤 후배는 대놓고 물었다.

　"왜요, 대표님? 이 정도면 성공 아닌가요?"

　그는 대답하지 않았다. 설명하려 해도, 그의 판단은 숫자로 보여줄 수 있는 것이 아니기 때문이다. 그는 알고 있었다. 지금의 이 결정이 회사의 성장을 늦출 수도, 실패하게 만들 수도 있다는 걸.

　하지만 그는 또한 알고 있었다. 자신이 이 선택을 내리지 않으면 이 기술은 더 이상 '우리 것'이 아닐 거라는 걸.

　그는 거절이 아니라, 지켜내기로 선택한 것이었다.

### 단념은 후퇴가 아니라, 내 의지를 지키는 선택이다

쇼펜하우어에게 인간은 '의지하는 존재'다.

살아 있다는 건 끊임없이 욕망하고 바라고 추구한다는 뜻이다. 하지만 그는 분명히 말했다. 의지는 동시에 모든 고통의 원천이라고. 쇼펜하우어는 이렇게 말했다.

"의지는 모든 고통의 원천이지만, 그 의지를 절제할 때 인간은 비로소 자유로워진다."

그에게 진정한 자유란 욕망을 성취하는 데서 나오는 게 아니라, 그 욕망을 스스로 절제할 수 있을 때 비로소 주어진다. 우리는 흔히 '선택'을 무엇인가를 향한 전진으로만 이해한다.

하지만 쇼펜하우어는 반문한다.

"하지 않기로 결정한 것도 선택이다."

오히려 가장 깊은 선택은 무엇을 쟁취하느냐가 아니라 무엇을 내려놓느냐에 담겨 있다고 그는 말했다.

기술이전 제안을 거절한 그 대표의 결단은 성공을 포기한 것이 아니다. 무언가를 지키기 위해 다른 가능성을 내려놓은 행위다. 그건 체념도 회피도 아니다. 오히려 그가 진정으로 무엇을 중요하게 생각하고 있는지를 보여주는 조용하고 단단한 의지의 표현이다.

쇼펜하우어 철학에서 단념은 무력함이 아니라, 내면의 주도권을 외부의 기준에서 다시 자신에게로 가져오는 일이다. 그것은 욕망의 중단이 아니라 가치의 선별이며, 방향의 포기가 아니라 윤리의 정립이다.

어떤 선택은 말이 많고, 어떤 선택은 소문이 많다. 그러나 진짜 내면의 선택은 대개 설명 없이, 단호하게, 조용히 이루어진다.

그 단념 속에서 인간은 오히려 자기 존재를 더 정확히 이해하게 된다.

## 기회를 거절하면 안 된다는 사회적 신화

우리는 늘 말한다.

"기회는 잡는 것이다.", "놓치면 다시는 오지 않는다.", "할 수 있을 때 해야 한다."

이 말은 언뜻 당연해 보이지만, 그 속엔 보이지 않는 강요가 숨어 있다. 바로, 기회는 무조건 '받아들여야 하는 것'이라는 전제.

거절은 낭비이고, 단념은 후퇴이며, 욕망하지 않는 것은 곧 실패라는 암묵적 판단. 그래서 우리는 "하지 않겠다."라고 말하는 사람을 보며 당황한다.

기회를 거절한 사람을 보면, "자신감이 없나?", "능력이 부족한가?", "현실 감각이 없나?" 같은 질문부터 떠올린다. 심지어 그 사람이 분명한 철학과 기준을 가지고 있음에도 우리는 그 선택을 쉽게 이상하다고 말한다. 왜냐하면 우리는 끊임없는 성장 서사에 길들어 있기 때문이다.

더 커지고, 더 많이 벌고, 더 빨리 확장해야 살아남는다고 배웠다. 그러나 진짜 문제는 그 확장의 끝이 없다는 데 있다. 계속 잡아야 하는 기회, 계속 증명해야 하는 나, 계속 욕망해야만 하는 인간.

그 구조 안에서 우리는 단념하는 능력을 상실해 버렸다. 이제는 단념에도 설명이 필요하다. "왜 안 했는지", "정말 거절할 만한 조건이었는지", "후회하지 않을 자신이 있는지" 끝없는 물음에 스스로 방어해야만 한다.

단념은 자기결정이어야 한다.

그러나 이 사회는 그 단념마저 '정당화'하지 않으면 무책임으로 간주한다. 그래서 사람들은 때로 자신이 원하지 않는 방향으로 가면서도, 그 선택이 '합리적'이라는 증거를 남기기 위해 애쓴다.

단념이 곧 패배가 되는 사회. 그 사회에서 가장 어려운 일은 "하지 않겠다."라는 한마디를 조용히, 그러나 단호하게 말하는 일이다.

### 하지 않기로 한 당신의 용기

당신은 오늘 이런 말을 들었을지도 모른다.

"이런 기회 흔치 않아."

"너 아니면 누가 해?"

"왜 안 해? 이해가 안 돼."

그리고 그 말들 앞에서 망설였을지도 모른다. 그들을 실망하게 했을까 봐, 혹은 능력이 없어서 그런 거냐는 말을 들을까 봐, 자신의 결정을 몇 번이나 의심했을지도 모른다.

하지만 기억하자. 하지 않겠다고 말하는 일은 그 무엇보다 용기가 필요한 선택이다.

사회의 속도에 맞춰 걷지 않기로 한 사람, 자신의 리듬으로 생을 조율하려는 사람, 욕망하지 않을 권리를 지키려는 사람. 당신은 그런 사람이다.

우리는 늘 더 많이 가지는 것이 성숙이고 더 높이 올라가는 것이 성공이라 배웠지만, 그보다 더 어려운 건 덜 갖기로 결정한 뒤에도 괜찮다고 믿는 일이다.

그건 회피가 아니다. 당신이 당신 자신을 소중히 여기는 방식이며, 당신이 지키고 싶은 어떤 것을 남들이 모르는 당신만의 방식으로 끝까지 붙드는 당신만의 의지다.

명심하자! 어떤 선택은 더 많이 욕망하는 것이 아니라, 덜 욕망하기로 결심하는 데서 시작된다.

오늘 무언가를 하지 않기로 선택한 당신에게 이 말을 전하고 싶다.

"그 선택은 절대로 작지 않았고, 그 단념은 오히려 당신을 더 단단하게 만든 것이다."

## 선택은 나의 의지로

"우리가 스스로 선택한다고 믿는 많은 것들이,
실은 세계의 표상이 우리에게 준 착각에 불과하다."

『의지와 표상으로서의 세계』 제1권 §5 사상 中

아이를 유치원에 데려다주고 출근길에 오른 아침.

그녀는 붐비는 지하철 안에서 문득 생각했다. '나는 언제 마지막으로, 나를 기준으로 무언가를 선택한 적이 있었지?'

올해 마흔셋. 직장 생활 8년 차. 출산 후 복직했고, 6살 아이를 키우며 하루하루를 무리 없이 버티고 있었다. 남들이 보기엔 제법 안정적인 삶이었다. 회사에선 일 잘하는 직원, 집에선 아이에게 헌신하는 엄마, 주말마다 틈틈이 아이 영어학원 상담도 다녔다.

최근에 상사가 슬쩍 물어왔다.

"부장 자리 이번에 하나 비거든. 관심 있지?"

그녀는 대답을 미루었다. 사실, 기분이 나쁘지도 않았고, 욕심이 없었던 것도 아니다. 다만 어딘가 이상했다. 그 제안이 자신을 '끌어올리는 기회'라기보다, 어디론가 '밀려가는 감각'처럼 느껴졌다.

그날 밤, 거실에 앉아 아이 숙제를 도와주던 중 딸아이가 무심코 물었다.

"엄마는 어릴 때 꿈이 뭐였어?" 그녀는 멈칫했다.

"응… 글쎄. 기자였던 것 같기도 하고… 작가였나?"

말하면서도 확신이 없었다. 기억이 흐릿한 게 아니라, 그 꿈을 진심으로 원했던 적이 있었는지조차 자신이 없었다.

그녀는 그제야 느꼈다. 이 삶이 불행하다는 뜻은 아니었다. 하지만 자신이 '선택했다고 믿은 일들'이 실은 대부분 주어진 선택지 안에서의 조율에 불과했다는 걸.

그날 밤, 그녀는 손가락 끝으로 핸드폰을 만지작거리며 조용히 중얼거렸다.

"이건 정말 내가 선택한 삶일까?"

### 우리가 선택한다고 믿는 것들의 정체

쇼펜하우어는 인간 존재를 이렇게 설명한다.

"우리가 스스로 선택한다고 믿는 많은 것들이, 실은 세계의 표상이 우리에게 준 착각에 불과하다."

그는 인간이 세계를 '있는 그대로' 인식하는 것이 아니라 항상 자기 안의 틀을 통해 '표상'으로 받아들인다고 보았다. 쉽게 말해, 우리는 현실을 직접 경험하는 게 아니라 항상 '필터링된 현실'을 보고 그 안에서 판단한다는 뜻이다. 그리고 문제는 이 판단이 '진짜 내 의지'인 줄 알고 살아간다는 데 있다.

좋은 직장, 안정된 진로, 좋은 부모, 착한 사람, 이 모든 말들은 내가 선택한 것처럼 보이지만 사실은 사회가 '이렇게 사는 게 옳다'라고 규정한 틀에 따라 사는 것에 불과할 수 있다.

우리는 그 틀 안에서 조금 더 나은 대학, 조금 더 괜찮은 연봉, 조금 더 안정적인 직책을 고르며 이렇게 말한다.

"이건 내가 선택한 거야."

하지만 쇼펜하우어는 묻는다. 그 선택지를 만든 건 누구인가? 내가 진짜 원한 것이 아니라, 처음부터 그 틀 안에서만 길든 채 고르는 훈련만 받아온 건 아닐까? 그렇다면 진짜 선택이란 무엇인가?

선택은 누가 더 많이 누렸는지를 따지는 일이 아니라, 내가 원하는 방향을 스스로 묻고 필요하다면 그 틀 밖으로 나오는 용기다. 용기는 때로 느리다. 익숙하지 않아서 낯설고, 남들이 보기엔 비효율적이며, 때로는 실패처럼 보인다.

하지만 바로 그 느린 걸음 속에서 진짜 나의 의지가 깃든 삶이 시작된다.

### 선택지는 주어졌지만, 선택은 없었던 삶

우리는 선택의 시대에 살고 있다고 말한다. 진로를, 직업을, 관계를, 심지어 가족의 형태까지 다양하게 고를 수 있는 사회에 살고 있다. 하지만 정말 그럴까?

돌이켜보면 많은 선택지는 실제로 내 의지로 '선택할 수 있는 것'처럼만 보였을 뿐, 사실은 이미 주어진 답안에서 고르는 객관식 문제 같은 일이었다.

'이 나이엔 이 정도 연봉', '이 직급엔 이런 태도', '이 시기엔 결혼, 출산, 내 집 마련'.

마치 보드게임처럼 칸이 그어져 있었고, 우리는 그 칸 안에서 벗어나면 '문제 있는 사람'이 되는 구조 안에 살아왔다. 특히 여성에게 선택은 더욱더 제한적이었다.

"일과 육아 중 하나는 희생해야지."

"애 엄마가 너무 일 욕심 내는 것도 문제야."

"그래도 워킹맘이면 '칼퇴'는 기본 아니야?"

이런 말들 속에서 여성은 항상 자기 뜻으로 선택했다는 '척'을 해야만 했다. 그래야 불만도, 저항도 없어 보였기 때문이다.

직장에서도 마찬가지다.

"기회는 공평하다."라는 말 아래 이미 결정된 인사, 통제 가능한 야망, 적절한 불만만 허용된다.

'너는 이 안에서만 움직이면 된다.'라는 무언의 선이 그어져 있다. 이런 구조 안에서 우리는 끊임없이 누군가의 선택을 '나의 선택'이라 착각하며 살아간다. 그리고 언젠가부터 '나는 왜 이걸 원했지?'라는 질문조차 잊는다.

그래서 쇼펜하우어는 말한다.

"표상은 세계를 왜곡하고, 그 왜곡은 우리의 선택을 통제한다."

우리가 진짜 자유롭기 위해 필요한 건 더 많은 선택지가 아니라, 그 선택지가 누구에 의해 만들어졌는지를 의심하는 감각이다.

### 진짜 선택은, 이 순간부터 시작된다

누군가 그랬을지도 모른다.
"그래도 너 스스로 선택한 길이잖아."
하지만 당신은 알고 있다. 그 선택이 정말로 자신의 의지였는지, 아니면 주어진 틀 안에서 고른 것뿐이었는지를.
그건 당신이 나약해서가 아니다. 우리는 모두 선택할 수 있다고 착각하게 만드는 구조 속에서 자라왔기 때문이다. 선택지를 만들어 본 적도, 틀 밖을 상상해 본 적도 없이 고르게만 훈련되어 온 삶.
그러니 이제, 늦었다고 생각하지 말고 스스로에게 물어보자.
"나는 정말 이걸 원했던가?"
"누구의 기대가 아니라, 나의 감각으로 고른 삶이었는가?"
이 질문에 대해 처음엔 불편할지도 모른다. 혹은 무언가를 잃는 기분일지도 모른다. 하지만 그 질문을 피하지 않는 순간, 당신은 비로소 삶을 다시 시작할 수 있게 된다.
질문은 소소해도 상관없다. 진짜 선택은 거창한 결단이 아니다. 매일 아침 어떤 감정에 귀를 기울일지 오늘 하루를 어떤 자세로 통과할지…. 작은 결정들이 쌓여 당신의 삶을 당신 것으로 만들어 줄 것이다.
당신은 지금까지도 충분히, 그리고 열심히 살아왔다. 그러니 이제는 진짜 당신의 의지로 살아갈 수 있다는 사실을 조심스럽게, 그러나 분명히 기억해도 좋다.

　오늘 밤, 잠들기 전 남들이 알려준 '정답의 목록'에서 살짝 벗어나 당신만의 질문 하나를 품고 하루를 마무리해 보는 건 어떨까? 그 질문이 내일을 바꾸진 않더라도 그 방향으로 내딛는 발걸음은 분명 달라질 것이다.

　"선택은 더 이상 타인의 기대에 반응하는 일이 아니라, 내 안의 의지가 말하는 방향으로 조용히 발을 옮기는 일이다."

## 타인을 해치지 않고 나로 사는 법

"나의 존재는 다른 모든 존재와 근본적으로 연결되어 있다.
그들의 고통을 느낄 수 있다는 사실이, 나를 나답게 만든다."

『의지와 표상으로서의 세계』 제4권 §66 사상 中

그녀는 초등학교 교사다. 담임을 맡은 지 올해로 열두 해째.

학급 아이들은 이제는 눈빛만 봐도 분위기를 짐작할 만큼 익숙했고, 학부모 응대도 어느 정도 노하우가 생겼다. 하지만 요즘 들어 그녀는 자꾸만 지쳐갔다.

문제는 '어디까지가 배려고, 어디까지가 침해인가'를 매일 고민하게 되는 일이었다.

학부모 상담은 정해진 시간을 훌쩍 넘기기 일쑤였고, 감정적인 항의가 이어질 때면, 퇴근 후에도 메시지를 몇 번씩 확인하게 됐다.

"다른 애들은 다 받는다던데요?"

"선생님만 너무 원칙적으로 하시는 거 아닌가요?"

처음엔 웃으며 넘겼지만, 쌓이다 보니 그 말들이 자꾸 마음에 남았다. 자신은 단 한 번도 아이들에게 무심하거나 냉정하게 대하려 한 적이 없었다.

오히려 더 깊이 생각하고, 더 잘 가르치기 위해 애썼다. 그런데 그럴수록 이상하게 오해를 사는 일이 많아졌다. 학생들에게 지나치게 거리 두는 교사, 융통성 없는 사람처럼 보일까 봐, 이제는 말 한마디에도 조심스러워졌다.

그녀는 어느 날 저녁, 회의가 끝나고 빈 교실에 혼자 앉아 있었다. 창밖으로 운동장 정리하는 소리가 들렸다.

책상 위엔 학생들의 받아쓰기 공책이 한 무더기 쌓여 있었고, 창가 쪽 의자엔 오늘도 학부모 한 명이 오래 앉아 있었다가 돌아간 흔적이 남아 있었다.

그녀는 문득 생각했다. '나는 나대로 최선을 다한 건데… 왜 이렇게 죄지은 사람처럼 살아야 할까.' 자신을 지키는 태도가 누군가에게 '차가움'이 되고, 소신이 때로는 '무성의함'으로 읽히는 사회.

그녀는 요즘, '좋은 교사'와 '나로서 존재하는 교사' 사이에서 어떻게 균형을 잡아야 할지 매일 고민하고 있었다.

## 연민은 나를 확장하는 일이다

쇼펜하우어는 도덕의 근거를 '이성'이나 '사회 규범'이 아닌 '연민(Mitleid)'에서 찾았다. 그는 이렇게 말했다.

"나의 존재는 다른 모든 존재와 근본적으로 연결되어 있다. 그들의 고통을 느낄 수 있다는 사실이, 나를 나답게 만든다."

그에 따르면 인간은 철저히 자기중심적인 의지를 따라 살아가지만, 유일하게 그 의지가 '멈추는 순간'이 있다. 바로, 타인의 고통을 느낄 때다. 남의 아픔에 공감하고 나 아닌 존재를 염두에 둘 수 있을 때, 비로소 우리는 순수한 윤리적 행위자가 된다는 것이다.

고로, 도덕은 자신을 억누르며 타인에게 맞추는 일이 아니다. 오히려 도덕은 나만 생각하던 마음이 잠시 멈추고 '타인의 고통을 함께 느낄 수 있을 때' 자연스럽게 생기는 내 마음의 확장이다. 나는 나대로 살아가되 내 안에 타인의 감정을 받아들일 수 있는 자리가 있다면, 그 자체로 충분히 도덕적인 존재다.

이 관점은 한 가지 중요한 질문을 다시 던진다. '나로 살아가는 일'과 '타인을 해치지 않는 일'은 정말 충돌하는가?

쇼펜하우어의 답은 분명하다. '아니다.'

오히려 진짜 '나로 존재하는 사람'만이 타인을 억압하거나 조종하지 않는다.

왜냐하면 그는 자기 의지의 경계를 알고, 그 너머에 있는 존재들의 감각에도 닿아 있기 때문이다. 그러니 타인에게 맞추기 위해 자신을 억제하는 것도, 반대로 타인을 밀어내며 자기만의 정답을 고집하는 것도 결국은 모두 '자기 의지'에 갇힌 모습일 수 있다.

중요한 건, 자신을 온전히 이해하고 받아들일 수 있는 내면의 질서를 가진 사람이 조용히, 그러나 단단하게 타인을 존중할 수 있다는 사실이다.

## 당신의 '도덕'은 누구의 기준인가

한국 사회에서 '타인을 해치지 않는 사람'은 종종 이상적인 인물로 소비된다. 겸손하고, 배려 깊고, 공손하며, 감정을 드러내지 않는 사람. 특히 여성, 교사, 간호사, 상담사, 사회복지사, 서비스직 등 '돌봄'이나 '배려'가 전제된 직업군이라면, 이 기준은 거의 도덕적 의무처럼 강요된다. 문제는 그 도덕이 '비가시적 착취 구조'와 맞물려 있다는 점이다.

'학생을 위해서라면 조금 더 노력해야죠.'
'엄마잖아요, 아이 중심으로 생각해야죠.'
'공공 서비스라면 사적 감정을 절제해야죠.'

이런 말들은 '타인을 위한 도덕'을 말하는 듯 보이지만, 실은 자기희생을 감정적으로 강요하는 구조적 폭력에 가깝다. 이른바, 윤리의 과잉 요구이다.

그런 구조 안에서는 '선을 넘지 않는 단호함'도 '지치지 않기 위한 거리두기'도 '자기 목소리를 내려는 시도'도 너무 쉽게 '이기적', '냉정', '무성의' 같은 말로 해석된다.

결국, 감정노동과 도덕적 이미지 관리가 하나의 업무처럼 부과되는 사회인 것이다. 그 안에서 살아남기 위해 사람들은 타인의 기대에 '응답하는 사람'이 되려 애쓴다.

하지만 그렇게 외부의 기대에 따라 사는 삶은 자신의 내면 윤리를 흐릿하게 만들고, 결국 타인에게도 진실하지 못한 관계로 이어진다.

타인을 존중하기 위해 우리는 먼저 자기 자신을 존중할 수 있어야 한다. 그리고 그 존중은 남이 규정한 도덕의 틀이 아니라 내가 감당할 수 있는 방식과 범위 안에서 다시 설정되어야 한다.

## '나'라는 경계를 지켜낸 당신에게

가끔은 너무 단호하지 않았나, 너무 선을 그은 건 아닐까, 자신을 의심하게 되는 날이 있다. 하지만 당신이 지켜낸 그 거리, 그 경계는 누군가를 해치기 위함이 아니라 자기 자신을 보호하려는 결단이었다.

우리는 모두 타인을 배려하며 살아가길 원하지만, 그 배려가 나를 소모하고, 고갈시키고, 마침내 나조차 이해하지 못하게 만든다면 그건 진짜 도덕이 아니다.

쇼펜하우어는 말했다.

"진정한 도덕은, 타인에게서 오는 것이 아니라 자기 내면에서 솟아나는 것이다."

당신은 누구보다 정직하게 살아왔다. 의무와 책임 사이에서, 미움받지 않으려 조심하면서도 무너지지 않기 위해 분투해 왔다. 그 조심스러움이 바로 당신만의 내면 윤리였다. 그러니 이제는 타인의 기대에 흔들리기보다, 내가 지키고 싶은 모습을 중심에 둘 수 있기를 바란다.

오늘 하루, 누군가의 오해 속에서도 당신이 묵묵히 지켜낸 원칙 하나가 있다면 그건 무기력한 침묵이 아니라, 윤리적인 용기였다. 그 작은 용기가 당신을 지키고, 결국 타인과도 진심으로 연결될 수 있는 단단한 다리가 되어줄 것이다.

그렇게 하루를 견디며 자기 자리를 지켜낸 이들에게 나는 이 말을 전하고 싶다.

"내가 지킨 거리만큼, 나와 타인 사이에도 존중이 자란다. 오늘도 나를 지켜낸 당신, 정말 잘 해냈다!"

# 5장 삶은 여전히 아름답다는 역설

"우리는 고통을 통해 삶을 느끼고,
아름다움을 통해 잠시 그것을 견딜 수 있다.".

『의지와 표상으로서의 세계』 제3권 §52 사상 中

## : 고통 속에서도 삶을 지탱해주는 감각, 그 느낌과 관조의 힘

쇼펜하우어는 삶을 고통으로 가득한 투쟁의 연속이라고 말하면서도 단 하나의 예외를 남겨두었다. 그것은 바로 예술, 그리고 관조의 순간이다.
삶의 의지가 잠시 중지되고 고통이 멈춘 듯한 찰나.
그때 우리는 삶을 살아내는 것이 아니라, 삶을 바라보는 자가 된다.

이 장은 그 예외적인 순간들에 관한 이야기다.
아름다움을 바라볼 때, 음악을 들을 때, 말하지 못했던 감정을 조심스레 표현할 때, 우리는 비로소 고통이 삶의 전부가 아니라는 사실을 알게 된다. 삶은 견디는 것이지만, 그 견딤 안에도 여전히 느낄 수 있는 잔물결이 있다.
우리는 그 감각을 통해 다시 살아낸다. 그건 희망이라 불리는 멀고 거창한 것이 아니다.
하루에 한 번, 나를 멈춰 세우는 음악 한 소절, 문득 고개를 들어 바라본 하늘, 조심스럽게 털어놓은 마음 한 조각… 그런 순간들이 우리를 고통 너머로 이끈다.
쇼펜하우어는 말한다. '고통은 삶의 본질이지만, 그 고통조차 바라볼 수 있다면 우리는 고통 속에서도 삶의 아름다움을 발견할 수 있다고.'

이 장은 그 역설에 대한 응답이다. 삶은 여전히 아프지만, 그래서 더욱 아름답다. 그건 더 이상 버텨야만 하는 무거운 존재가 아니라, 느낄 수 있는 존재로서의 삶에 대한 조용한 찬사.

"우리는 여전히 느끼고 있다. 그리고 그것만으로도, 삶은 충분히 아름답다."

## 아름다움은 관조 속에 있다

"미(美)는 우리가 의지에서 벗어날 수 있게 해주는 유일한 길이다."

『의지와 표상으로서의 세계』 제3권 §52 사상 中

중견기업의 마케팅 팀장인 남자는 회의실을 나와 혼잣말처럼 중얼거렸다. "이젠 숫자가 아니라, 내 이름이 닳는 기분이네."

하루에도 수십 번, 실적 보고서를 확인하고, 광고 집행 효율을 따지고, 브랜드 평판 지수를 분석했다. 모든 게 수치로 정리되었고, 그 수치는 곧 그의 존재였다. 성과가 좋으면 '브랜드를 아는 사람', 나쁘면 '돈을 못 버는 사람'이 되었다. 기획서를 만들고, 피드백을 받고, 다시 수정하고, 또 회의.

그의 이름은 항상 메일 제목에, 보고서 문서에, 실시간 회의 채팅창에 떠 있었다. 문득 그는 생각했다.

'일은 점점 가벼워지는데, 왜 나는 점점 사라지는 기분일까?'

성과는 사람의 무게를 대신했다. 누구보다 빠르게 분석하고, 누구보다 효율적으로 기획하며, 결과로 입증해야 했다. 보고서는 실적이자 증명서였고, 회의는 존재를 견적 내는 자리처럼 느껴졌다.

"성과 없으면 존재도 없다."라는 농담을 들어도 이제는 아무도 웃지 않았다. 아니, 웃을 수 없었다.

그날, 거래처 미팅을 다녀오던 남자는 우연히 미술관에 들렀다. 무슨 기획전인지도 모르고 들어간 전시실, 그는 한 그림 앞에 발을 멈췄다.

박수근의 〈노상〉.

고개를 숙인 여인, 웅크린 아이, 짐을 든 사람들.

움직임도, 표정도, 색도 없는 풍경.

그런데… 눈을 뗄 수가 없었다. 처음엔, 이상하다고 느꼈다. 설명할 수 없는 끌림. 화려하지도 않고, 감정을 드러내지도 않는 장면인데 그 앞에 서자, 마치 시간이 느려지는 듯했다.

그는 조용히 중얼거렸다.

"왜 이렇게 오래 바라보게 되는 걸까?"

답은 그림 속에 있지 않았다. 그림을 바라보는 자기 자신에게 있었다. 평소라면 무의미하게 지나쳤을 표정, 의미를 찾으려 했던 장면. 그런데 지금 그는 어떤 평가도, 분석도 하지 않았다. 그저 바라보고 있었다. 아무 말 없이. 아무 목적 없이. 오직 느낌만 남겨둔 채.

그는 그때 처음으로, '세상을 가만히 관조한다는 것'이 어떤 감각인지 알게 되었다. 무언가를 보면서도 그것을 소비하지 않고, 느끼면서도 그 감정을 포장하지 않는 상태.

그 고요한 거리감 속에서 비로소 그는 자신이 살아 있음을 느꼈다.

### 의지를 멈추는 순간, 아름다움은 열린다

쇼펜하우어에게 아름다움은 단지 눈에 보이는 것이 아니었다.
그는 미(美)란 '의지의 정지 상태'이며, 오직 관조적 인식 속에서만 발생한다고 했다. 즉, 우리가 욕망도, 두려움도, 목적도 내려놓는 그 짧은 찰나에만 진짜 아름다움이 열린다는 것이다.

일상의 내부분은 욕망에 목덜미를 잡힌 채 질질 끌려간다. 성과를 내야 하고, 비교를 이겨야 하고, 의미를 증명해야 한다. 이런 의지의 흐름 속에서 우리는 모든 대상을 수단화한다.

사람도, 풍경도, 예술도…, 무언가에 '쓸모'가 있어야만 비로소 주목된다. 하지만 관조는 다르다. 관조는 바라봄 그 자체로 충분하다.

쇼펜하우어는 말한다.

"예술은 우리를 의지의 고통에서 벗어나게 한다."

그는 특히 회화와 조각, 자연의 아름다움에 주목하며, 그것들이 인간을 순수한 인식의 상태로 이끈다고 강조했다. 그러니 남자가 그림 앞에서 느낀 감각은 단지 휴식이 아니었다. 그건 무언가를 '해야만 하는' 존재에서, '그저 바라보는' 존재로 돌아간 순간이었다. 잠시지만 그는 자유로웠다. 욕망도, 판단도, 자기 효용의 압박도 없는 자리.

그건 세상과 맺는 가장 정제된 관계, 쇼펜하우어가 말한 '관조의 상태'였다.

## 감상은 쓸모없다는 사회

우리는 무엇이든 목적과 결과로 판단한다.
"좋아서 한다."라는 말은 낭만적 치기로 취급되고, "쓸모가 없으면 살아남을 수 없다."라는 말이 너무 자연스럽게 받아들여진다. 그런 사회에서 '아름다움'은 점점 설 자리를 잃는다. 심지어 감상조차도 시간을 낭비하는 일로 치부된다.

우리는 어느 순간부터 그저 '보는 법'을 잃었다.

그림은 '인증샷'이 되었고, 공연은 '데이트 코스'가 되었으며, 전시는 '콘셉트 소품'의 배경이 되었다. 바라보기보다는 찍고, 감상하기보다는 남기고, 느끼기보다는 포장한다. 즉, 우리는 '무언가를 얻기 위해 예술을 소비'한다.

관조는 빠졌고, 속된 의지만 남았다.

하지만 삶은 늘 '해야 할 것'만으로 이뤄지지 않는다. 고요히 바라보는 시간, 어떤 것을 이유 없이 느끼는 시간, 세상과 목적 없이 관계 맺는 시간이 필요하다.

그건 비생산적이라서 낭비가 아니라, 의지에서 벗어난 인간만이 누릴 수 있는 감각이기 때문이다.

## 당신이 오래 바라본 그 장면이, 당신을 지켰다

삶은 늘 무언가가 되기를 요구한다.

성과를 내야 하고, 의미를 증명해야 하고, 그 모든 것을 견디는 태도를 가셔야 한다고 말한다. 하지만 우리는 기계가 아니다.

살아 있다는 건 결국 느낄 수 있다는 뜻이다. 가끔은, 아무것도 하지 않아도 괜찮다. 그저 오래 바라보는 것으로 충분한 순간이 분명히 있다.

당신이 멈춰 선 그 자리, 당신의 시선을 오래 머물렀던 그 장면. 사실은 그 순간이 당신을 지키고 있었던 것이다.

쇼펜하우어는 말한다.

"우리가 예술을 감상할 수 있다는 것, 그것은 인간이 의지를 잠시 내려놓을 수 있다는 증거다."

그 '잠시'가, 우리를 다시 살게 한다. 말없이 다가오는 아름다움이 당신을 붙잡고, 아무 말 없이 당신 곁에 머문다. 그러니 기억해야 한다.

당신이 아무 말 없이 오래 바라봤던 그 풍경, 그 표정, 그 장면.

그게 바로, 당신이 무너지지 않고 살아남을 수 있는 이유였다.

오늘, 당신에게 권하고 싶은 말은 이것이다.

"쉼 없이 달려왔다면, 하루쯤은 조용히 바라보는 사람이 되어도 괜찮다."

## 표현은 존재의 증거다

"개인은 고통받는 존재로서,
예술을 통해 현실의 고통으로부터 도피한다."

『의지와 표상으로서의 세계』 제3권 §51 사상 中

토요일 저녁이면 그는 늘 그 역에 간다. 회색 벽면 아래 유리 광고판이 끝나는 모서리 한 칸. 누군가는 그냥 지나치고, 누군가는 광고 찌라시로 착각할 자리에 그는 작은 종이 한 장을 붙인다.

'오늘 하루, 아무도 나를 부르지 않았다.'

그는 광고 대행사의 시니어 디자이너다.

출근하면 첫 메일 제목부터 어조를 맞춰야 한다. "이 문구, 클라이언트가 싫어합니다."라는 피드백엔, '왜'가 아니라 '알겠습니다.'로 답해야 한다. 기획이 바뀌면 이미지도 바꾸고, 마감이 당겨지면 감정도 줄여야 한다. 디자인은 감정의 언어라 배웠지만, 여기선 감정을 감추는 법부터 익혔다.

깔끔하게, 눈에 띄지 않게, 과하지 않게.

그는 늘 '없는 듯 잘하는 사람'이어야 했다. 그러다 보면 이상하게 금요일 밤쯤엔 마음이 헛헛해진다. 그래서 토요일 저녁이면 그는 다시 그 역을 찾는다.

출근복 대신 헐렁한 후드티를 입고, 작업실 구석에서 출력한 문장을 조심스레 자른다. 손 글씨처럼 만든 폰트를 쓰고, 인쇄지도 굳이 매트한 종이를 고른다.

붙이는 위치도 매번 다르다. 누가 떼어내든, 못 본 척 지나치든 신경 쓰지 않는다. 중요한 건 그가 거기에 무언가를 남겼다는 사실 자체다.

그걸 왜 하느냐는 질문을 받은 적이 있었다. 그는 조용히 이렇게 말했다.

"그냥 해야 살 것 같아서요."

그 문장을 쓰는 동안엔 말이 줄고, 붙이고 돌아오는 길엔 마음이 조금 가벼워진단다. 누구에게 보여주기 위한 것도, 인정받기 위한 것도 아니다. 그걸 하지 않으면 자신이 사라질 것 같은 느낌.

그저 존재하고 싶어서, 그는 오늘도 종이 한 장을 붙인다.

## 표현은 의지 너머의 자기 증명이다

쇼펜하우어는 예술을 '고통에서 벗어나기 위한 도피'라고 했다. 그는 인간의 삶이 끊임없는 결핍의 충동, 즉 '의지'에 사로잡혀 있다고 봤다.

우리는 원하고, 구하고, 그 갈망을 이루지 못해 괴로워한다. 하지만 예술의 순간만큼은 다르다. 바라보고, 듣고, 표현하는 그 찰나엔 욕망이 멈춘다.

그 순간, 인간은 '원하는 자'가 아니라 '존재하는 자'가 된다.

쇼펜하우어에게 예술은 고통을 달래는 위로의 행위가 아니라, 고통의 근원인 의지를 멈추게 하는 순간이었다. 그러니 그 디자이너가 남긴 문장은 누군가에게 보이기 위한 도구가 아니었다. 고통을 견디기 위한 전략도 아니었고, 누군가의 인정을 구하는 외침도 아니었다. 오히려 그는 표현함으로써 "나는 아직 존재하고 있다."라고, 내가 이 하루를 지나간 게 아니라 나로서 살아냈다고 말하고 있었다.

표현은 결과가 아니라, 존재의 형식이다.

그것이 세상에 닿지 않더라도 표현하는 순간 이미 그는 존재의 증명을 마친 셈이었다.

### 표현은 허락이 아닌 본능이다

이 사회는 표현마저 생산성으로 평가한다.

무엇을 표현했는가보다, 그것으로 무엇을 얻었는가를 먼저 묻는다. '좋아요' 수, 트래픽, 협찬 가능성. 그것이 없으면 표현은 무의미한 낭비로 취급된다.

퇴근 후 혼자 끄적인 낙서는 '비효율'이고, 업무와 무관한 감정 표현은 "프로페셔널하지 않다."라는 말로 제지된다. 심지어 슬픔이나 고통도 '무례한 감정'이 되어버린다.

'힘들다'는 말은 팀워크를 해치는 것이고, '기쁘다'라는 표현조차 선을 넘지 않도록 조절되어야 한다. 그래서 우리는 점점 '표현하는 인간'이 아니라 '반응하는 기계'로 훈련된다.

자기 목소리를 내는 대신, 분위기를 파악하고, 톤을 맞추고, 감정을 조절해 가며 협업하는 법만 배운다. 그 사이, 말은 사라지고 마음은 메말라간다.

표현이 허용되는 건 오직 성과를 담보할 때뿐이다. 그 외의 표현은 사치이고, 민폐이고, 자기기만으로 치부된다.

그러나 기억해야 한다. 사람은 표현하지 않으면 무너지는 존재이며, 그걸 견디게 만드는 사회가 정상일 리 없다.

### 당신이 표현한 모든 것은, 이미 당신이다

당신은 오늘도 참아냈고, 버텨냈고, 적절히 반응했다. 일터에서는 감정을 조절했고, 집에서는 조용히 내면을 감췄다.

아무도 몰랐지만, 어쩌면 당신은 혼자 중얼거렸을지도 모른다. 마음에 맺힌 말을 써봤을지도, 누군가에게 말하지 못한 문장을 가만히 저장해 뒀을지도.

그건 아무 의미 없는 일이라고, 쓸모없는 일이라고, 누군가는 말할 수 있다. 하지만 나는 안다. 그 모든 표현이 바로 당신이 살아 있다는 증거였다는 것을.

표현은 잘하려는 욕망이 아니라, 살아 있으려는 몸짓이다. 그 문장 하나, 그 낙서 하나가 당신이 사라지지 않고 오늘 하루를 통과할 수 있었던 이유였을지도 모른다. 그러니 잘하지 않아도 좋다. 누구에게 보이지 않아도 괜찮다.

말이 되지 않아도, 울컥한 마음만으로도 충분하다. 형태가 없어도, 그것이 당신의 감정이었다는 사실만으로 괜찮다.

누군가는 듣지 못했겠지만, 당신은 분명 말하고 있었다. 당신이 표현한 모든 것이 이미 당신이라는 증거니까.

누구의 타임라인에도 닿지 않는 당신의 문장이 있다면 마음속으로 되새겨보자. 그건 잘 살아낸 하루가 남긴, 가장 정확한 자서전이니까.

그리고, 하루를 마치고 잠들기 전 그 자서전 끝에 한 문장을 더해보자.

"누구에게도 닿지 않았던 그 문장이, 오늘 당신을 가장 오래 지켜준 마음이었다."

## 음악을 들을 때, 잠시 덜 아프다

> "예술의 관조 속에 있을 때,
> 우리는 의지의 고통에서 해방된다."
>
> 『의지와 표상으로서의 세계』 제3권 §52 사상 中

여자는 요양보호사다.

새벽 여섯 시 반에 일어나 간단히 아침을 챙기고, 1호선 전철을 타고 노원까지 간다. 그곳의 요양 병동엔 치매 어르신 열일곱 분이 있고, 그녀는 매일 여섯 명을 책임진다. 기저귀를 갈고, 밥을 먹이고, 손톱을 깎고, 울음을 달래고, 헛소리를 받아낸다.

"엄마가 방금 나갔어, 금방 올 거야."

한 어르신이 매번 같은 말을 반복하면, 그녀는 지친 눈을 감고 똑같은 말로 대답한다.

"응, 나도 봤어요. 금방 오실 거예요."

하루가 끝나갈 때면 허리는 욱신거리고, 손가락 관절은 뻣뻣해진다. 하지만 더 힘든 건 몸이 아니라 마음이다. 무력감, 죄책감, 그리고 설명할 수 없는 감정들.

살아 있는 사람을 매일 '죽음에 가까운 존재'로 대하는 일은 자기감정에 감당할 수 없는 균열을 만들어 낸다.

그녀는 퇴근하면 말을 줄인다. 남편의 질문에도 짧게 끊고, 저녁을 대충 때운 뒤 조용히 이어폰을 낀다.

매일 같은 곡. 드뷔시의 「달빛」.

처음엔 그냥 멜로디가 좋아서였지만 이제는 습관처럼 듣기를 반복한다. 그 음악이 흘러나오면 하루의 피로가 씻기진 않지만 잠시 멈춘다. 생각이 비워지고, 눈물이 고이기도 하고, 어떤 날은 음악을 듣는 것만으로도 살아 있는 것 같다.

"그 시간만큼은 아무 생각도 안 나요. 아픈 것도, 힘든 것도, 죄책감도."

그녀는 그렇게 말한다.

고통이 사라진 건 아니다. 다만, 그 시간만큼은 덜 아플 뿐이다.

## 음악은 의지를 멈추게 한다

쇼펜하우어는 말한다.

"예술의 관조 속에 있을 때, 우리는 의지의 고통에서 해방된다."

그에게 '의지'는 인간 존재를 지배하는 본능이자 모든 고통의 뿌리였다. 살고자 하는 의지, 얻고자 하는 의지, 버텨야만 하는 의지. 우리는 그 의지에 묶여, 끊임없이 갈망하고, 충돌하고, 실패하고, 상처받는다.

그런데 예술은 이 의지를 잠시 멈추게 한다. 아무것도 소유하지 않아도 좋고, 아무 목적 없이 바라보아도 괜찮은 상태. 욕망도, 경쟁도, 이유도 없이 그저 하나의 장면이나 소리를 마주하는 시간. 그 시간만큼은 우리는 '원하는 존재'가 아니라 '존재하는 존재'가 된다.

쇼펜하우어는 예술 중에서 음악을 가장 순수한 형태로 보았다. 왜냐하면 음악은 언어도, 형상도, 재현도 없이 의지 그 자체를 울리는 형식이기 때문이다. 말보다 먼저 마음에 닿고, 어떤 설명 없이 감정을 건드린다.

그래서 그는 이렇게 썼다.

"음악은 모든 예술 가운데 가장 직접적으로 우리의 내면에 닿는다. 그것은 세계의 모사물이 아니라, 세계 그 자체의 소리다."

그녀가 매일 듣는 그 음악. 그건 감상을 위한 것도, 미학적 즐거움도 아니다. 오직 그 시간만큼은 아무것도 갈망하지 않아도 되기에, 그녀는 음악 속에서 살아 있는 자신을 다시 만나는 것이다.

## 예술은 사치가 아니라, 잠시 덜 아프기 위한 권리다

그녀는 늘 이어폰을 끼고 퇴근한다. 지하철 안에서만큼은 아무도 돌보지 않아도 되고, 누구의 기분도 살피지 않아도 된다.
그 시간, 음악은 크게 울리지 않는다. 그녀 안에서만 아주 작게 흐를 뿐이다.
바로 그게 중요하다.
세상에 들리지는 않지만, 자신에게는 분명히 들리는 어떤 감정. 하지만, 이 사회는 그런 '감정의 사운드'를 너무 쉽게 지워버린다.
"먹고살기도 벅찬데, 음악이 무슨 위안이냐."
"예술은 부유한 사람이나 즐기는 여유다."
이런 말은 현실이기도 하지만, 동시에 폭력적인 기준이기도

하다. 생계를 꾸려야 하고, 누구도 대신 아파주지 않는 일상을 견디며 사람들은 점점 감각을 줄이고, 감정을 압축한다. 음악은 배경이 되고, 그림은 장식이 되며, 말은 실용만 남는다.

하지만 그건 분명히 '아픈 상태'다.

예술은 치유 이전에 '중단의 권리'다.

하루를 통과하며 무너진 마음을, 잠시라도 멈추고 다시 수면 위로 떠오르게 해주는 정지의 시간, 그게 예술이다.

음악이 그녀를 구원한 건 아니다. 하지만 음악이 있었기에 그녀는 자기 자신을 잃지 않을 수 있었다. 그건 위로나 힐링이 아니라, 삶의 한가운데에서 확보한 단 한 칸의 정적이었다.

## 덜 아프기 위해 필요한 건 잠깐의 울림이다

삶은 언제나 완전한 회복을 약속하지 않는다. 우리는 고통을 극복하기보다는, 견디는 방식으로 하루를 통과한다. 그래서 때로는 끝내지 못한 감정 하나쯤 가슴에 담은 채 잠들기도 한다. 그럴 때 필요한 건 거창한 위로나 위대한 문장이 아니다. 그저 이유 없이 마음에 스며드는 음악 한 곡, 나만 알고 있는 소리의 결. 그것이면 충분하다.

그녀는 음악을 들으며 자신을 되찾았다.

오늘도 감정노동을 하고, 미안하다는 말을 대신하고, 무언가에 잠식된 채 하루를 버텼다. 하지만 이어폰을 끼고 귀를 감싸는 그 시간만큼은 누구 것도 아닌, 오롯이 자기 삶이었다.

우리는 모두 그런 순간이 필요하다. 눈물이 멈추지 않더라도, 고통이 완전히 사라지지 않더라도. 잠깐이라도 마음이 조용해지는 순간.

누구의 이름도 떠오르지 않고, 어떤 말도 하지 않아도 되는 시간. 그건 고통을 없앤 시간이 아니라 고통에 휩쓸리지 않고 내가 나로 머물 수 있었던 시간이다.

혹시, 그녀처럼 아직 자신만의 음악을 찾지 못한 채 지친 몸을 뉘고 있다면 오늘은 자신만의 음악을 한번 찾아보길 권하고 싶다. 당신에게 전하는 이 말과 함께.

"음악은 당신을 알아본다. 혹시 아직 당신을 위한 음악이 없다면, 지금 이 밤에 만나보자. 어쩌면 그건 그냥 음악이 아니라, 당신을 위해 오래 기다려 온 또 다른 목소리일지도 모르니까."

## 희망이 아니라 감각이다

"의지는 고통을 낳고,
감각은 그 고통에서 일시적으로 벗어나게 한다."

『의지와 표상으로서의 세계』 제3권 §39 §40, §52 통합 해석

남자는 한때 공장을 운영했다.

가정용 전자 부품을 만들던 작은 회사였지만, 거래처도 꾸준했고 직원도 여럿 있었다. 그러다 코로나가 터졌고, 납품이 끊기고, 공장은 문을 닫았다. 기술도, 신뢰도, 자부심도 있었지만, 아무 소용이 없었다. 3년을 버티다 폐업 신고했을 땐, 이미 잃을 수 있는 건 다 잃고 난 뒤였다.

지금 그는 플랫폼 배달 일을 한다.

휴대폰 하나, 오토바이 하나로 하루 10시간을 돌며 커피와 샌드위치 따위를 나른다. 처음엔 고개를 숙였다. "여기요!" 하고 부르면 얼굴을 들지 못했다. 누가 알아볼까 봐 두려웠고, 이게 내 마지막일까 무서웠다. 하지만 요즘은 조금 다르다.

아직도 재기를 꿈꾸지만, 희망이라는 말은 잘 꺼내지 않는다. 대신 비

오는 날 배달을 마치고 건물 벽에 기대어 커피 한 모금을 마시는 그 순간. 헬멧 너머로 느껴지는 습기, 종이컵의 온기, 목을 타고 넘어가는 미지근한 커피. 바로 그 감각이 그를 붙든다.

비에 젖은 장갑, 미지근한 커피, 벽에 기대어 숨을 고르던 그 순간. 어디에도 닿지 않지만, 분명히 느껴지는 감각 하나.

'…아, 나 아직 살아 있구나.'

누구에게 말한 것도 아니고 어디에도 적히지 않지만, 그 순간만큼은 확실했다.

다시 일어설 수 있을진 모르겠지만, 분명한 건 지금 살아 있다는 것이다. 그에게 필요한 건 거창한 희망이 아니라, 오늘 하루를 지탱해 준 아주 작은 감각 하나였다.

## 감각은 삶을 밀어내는 가장 작은 힘이다

쇼펜하우어에게 인간의 삶은 끊임없는 고통이다. 욕망이 멈추는 순간은 없고, 충족은 곧 새로운 결핍을 낳는다. 우리는 무언가를 바라며 살아간다. 더 나은 내일, 더 안정적인 삶, 더 나은 내가 되기를. 그 바람이 계속되는 한, 우리는 절대 멈추지 못한다. 그리고 그 멈추지 못함이 우리를 끊임없이 지치게 만든다.

하지만 쇼펜하우어는 예술과 감각, 관조의 순간이, 이 의지를 잠시 멈추게 한다고 보았다. 특히 감각은 미래나 성취를 요구하지 않는다. 그것은 지금 이 순간, 존재 그 자체를 느끼게 하는 경험이다.

살고 싶다기보다, 살고 있다는 감각. 의지를 멈추지 못하는 인간에게 그 감각은 삶을 견디게 하는 가장 작고도 명확한 힘이 된다. 희망은 종종 환상을 동반한다. 그러나 감각은 지금 여기에 있다. 희망이 무너질 때 사람도 함께 무너진다. 미래가 보이지 않을 때는 아무것도 붙잡을 수 없는 기분이 든다.

하지만 감각은 다르다. 손끝에 닿는 온기, 입안을 맴도는 온도, 그런 사소한 감각 하나가 우리를 다시 하루 앞으로 밀어준다.

결국 삶은 거창한 계획으로 버티는 게 아니라, 지금 여기서 느껴지는 감각 하나로 다시 시작되는 것이다.

### 이 사회는 희망을 말하지만, 감각을 허락하지 않는다

이 사회는 늘 희망을 말한다. 희망이 있어야 산다고, 다시 시작할 수 있다고. 하지만 그 희망은 대부분 '성과를 전제로 한 미래'다.

재기, 성장, 회복.

다 좋은 말이지만 그 이면엔 결국 지금보다 나아져야 한다는 강박이 깔려 있다. 그래서 '희망을 잃지 말라'는 말은 결국 지금 이 고통도 견뎌야 한다는 다른 표현이 된다. 견디는 이유도, 쓰러지지 말아야 하는 이유도 모두 미래에 있다는 식으로 말이다.

그러나 사람들은 이미 알고 있다. 그들이 말하는 희망이, 말처럼 그렇게 쉽게 오지 않는다는 걸. 그 희망이 자꾸 멀어질수록 사람은 점점 무너진다는 걸.

지금 숨 쉬는 것도 힘든 사람에게 장밋빛 미래는 위로가 되지 못한다. 그래서, 남는 건 지금의 감각이다.

따뜻한 커피, 땀에 젖은 옷깃, 비 오는 날 흘러내리는 빗물 소리 같은 것. 아무 의미 없어 보이던 그 감각들이 어느 날 문득 내가 지금 여기에 존재한다는 사실을 말해준다.

말도, 위로도, 계획도 현실과 맞닿지 못한 순간에 감각은 조용히, 그러나 분명히 존재 자체를 붙들어 준다. 그 사소한 감각 하나가 사람을 다시 하루 앞으로 끌고 가는 것이다.

지금 이 자리에서 그저 느낀다는 것. 그게 삶을 되돌리는 가장 근본적인 힘일지도 모른다. 사회는 자꾸 내일을 보라고 말하지만, 더 중요한 건 지금 당장 살아 있다는 느낌 없이 내일은 오지 않는다는 점이다.

## 감각은 우리를 다시 하루 앞으로 이끌어준다

우리는 무너진 희망을 다시 붙잡는 대신 가끔은 그냥 하루를 통과할 수 있기를 바란다.

견디겠다는 다짐도 없이, 이겨내겠다는 결심도 없이. 그냥, 오늘 하루만은 조금 덜 무너지기를. 그럴 때 필요한 건 위대한 계획이 아니라 작은 감각 하나가 남긴 생의 흔적이다.

바람의 결, 손끝의 온기, 그 어떤 말보다 정확하게 '아직 살아 있다'는 걸 알려주는 순간. 당신도 지금 그 어딘가에 서 있을 것이다.

남들에게 말하지 못한 자신만의 삶의 무게를 안고, 누구도 보지 않는 곳에서 힘들게 하루를 마무리하고 있을지도 모른다.

그러나 이것만은 꼭 기억해 주었으면 한다. 꼭, 내일을 꿈꾸지 않아도 괜찮다. 거창한 희망이 없어도 괜찮다. 이 순간 살아 있다는 감각 하나가 당신을 오늘까지 데려온 것이다.

오늘 당신에게 전할 말은 이것이다.

"당신을 버티게 해주는 건 아직 오지 않은 희망이 아니라, 이 순간 당신 안에 여전히 살아 있는 감각이다. 그리고 그 감각이 내일을 살아가게 할지도 모른다. 내일 어떤 일이 일어날지는 아직 아무도 모르는 일이니까."

## 살아 있다는 건, 여전히 느낀다는 것

"고통은 존재의 본질이다.

느끼지 않는 자는 존재하지 않는 것이다."

『의지와 표상으로서의 세계』 제2권 §57 사상 中

그녀는 대장암 3기였다. 수술로 장 일부를 절제하고, 항암 8차를 버텼다. 구토, 탈모, 손발 저림, 얼굴빛이 달라지는 것까지.

"당신은 환자가 아니라, 전투자에요."

담당 의사의 말처럼, 그녀는 정말 싸우는 마음으로 버텼다. 식사해도 씹는 감각이 없었고, 입안이 헐어 물조차 삼키기 힘들었다. 가족 앞에서 아무렇지 않은 척하는 게 하루 중 가장 힘든 일이었다.

1년 반쯤 지나, 마침내 '완치'라는 말을 들었다.

모두가 박수 쳤고, 축하가 쏟아졌다.

"이제 다 끝났네."

"이제는 행복하게 살아야지."

그녀도 그렇게 믿고 싶었다. 하지만 병원이 아닌 집에서, 아무도 없는 밤이 되면 그녀는 가끔 눈을 감은 자기 몸이 낯설게 느껴졌다.

수술 부위는 뭉친 듯했고, 소화는 여전히 어려웠으며, 항암 후유증으로 불면은 일상이 되었다. '완치자'라는 이름을 들을수록, 자신만 혼자 뒤처져 있는 기분이었다.

어느 밤, 왼쪽 옆구리가 욱신거리며 잠에서 깼을 때 그녀는 이불 속에서 조용히 중얼거렸다.

"그래, 아직 느낀다는 건… 내가 살아 있다는 거지."

그건 위로라기보다는 그 고통마저 외면하지 않기 위한 하루치의 다짐이었다. 아무도 몰랐지만, 그 말 한 줄이 그 밤을 넘기게 했다.

### 고통은 사라져야 할 것이 아니라, 살아 있음의 징후다

쇼펜하우어는 말한다.

"고통은 인간 존재의 본질이며, 삶은 고통과 고통 사이를 오가는 진자와 같다."

살아 있다는 건 곧 무언가를 원한다는 뜻이고, 그 원함은 언제나 충족되지 않기에 인간은 필연적으로 괴롭다. 그래서 그에겐, 고통이 사라진 상태는 삶의 부재, 혹은 의지의 부재와 같다.

어떤 의미에서 고통은, 아직 원하는 게 있고, 아직 감각이 살아 있으며, 아직 존재가 작동하고 있다는 신호이기도 하다.

많은 철학이 고통을 이겨내는 방법을 찾으려 하지만, 쇼펜하우어는 거기서 삶의 본질을 직시하라고 말한다. 고통이 있다는 건 무기력 속에서도 의지가 작동하고 있다는 것이며, 감각이 있다는 건 존재가 완전히 무너지지 않았다는 뜻이다.

그러니 그녀의 밤, 그 통증이 사라지지 않았다는 사실은 삶이 아직 꺼지지 않았다는, 가장 구체적인 증거다.

괴롭다는 건 여전히 느끼고 있다는 것, 느낄 수 있다는 건 아직 살아 있다는 것.

삶은 그런 식으로, 고통을 통해서도 자기 존재를 증명한다.

### 회복을 강요하는 사회, 말할 수 없는 고통

이 사회는 '완치'라는 말을 좋아한다. 완벽하게 나았고, 다시 예전처럼 돌아갔으며, 이제 아무 문제 없이 살아도 된다는 '정상 서사'를 원한다. 그래서 고통을 견디고 있는 사람은 너무 빨리 '괜찮은 사람'으로 분류된다.

"이제 다 끝났잖아요."

"잘 버텼으니까, 더 이상 아플 일 없을 거예요."

그 말들엔 악의는 없지만, 그 말들 때문에 많은 사람이 다시 아프다는 말을 삼킨다. 특히 몸보다 마음이 더 아픈 사람일수록 그렇다.

후유증, 불면, 공허감, 무력감 같은 것들은 눈에 보이지 않기에 '끝난 일'이 된다. 그러나 고통은 그렇게 쉽게 끝나지 않는다. 어떤 고통은 몸이 아닌 시간 속에 남아 계속 아프다.

그녀처럼 조용히 베개를 끌어안고 버티는 사람들은 고통을 이겨낸 것이 아니라, 고통을 느끼며 살아가는 법을 배우는 중이다.

말하지 않아도 아픈 사람들이 있다. 그리고 그들이 느끼고 있다는 사실 하나만으로도 그 삶은 아직 무너지지 않았다는 증거다.

## 아직 느낀다는 것, 그것이면 충분하다

우리는 때때로 너무 조용히 무너진다.

큰 고통도 아니고, 티가 나는 상처도 아닌데 하루가 길게 스며들고 감정이 몸속에 고인다. 그럴 때 필요한 건 아무렇지 않은 척하는 걸 멈추고, 내가 아직 느끼고 있다는 사실을 부끄러워하지 않는 것이다.

고통은 부정의 징후가 아니다. 그건 내가 아직 완전히 꺼지지 않았고, 감각이 살아 있다는 증거다. 말할 수 없어도, 누군가 알아주지 않아도, 그 아픔이 지금 당신을 지키고 있는 것일지도 모른다. 무너지는 것이 아니라, 당신은 지금도 살아 있는 중이다.

조심스럽지만, 이 말이 당신의 고통에 작은 희망을 더 하길 소망한다.

"당신이 오늘 느낀 고통이, 누구에게도 말하지 못한 슬픔이, 바로 당신이 아직 살아 있다는 증거다. 그 감각이 사라지지 않는 한, 당신은 끝까지 무너지지 않을 것이다."

부록 | 쇼펜하우어를 더 알고 싶은 당신에게

## 1. 쇼펜하우어의 생애

아서 쇼펜하우어(Arthur Schopenhauer, 1788~1860)는 '삶은 고통이다'라는 명제를 가장 치열하게 붙든 철학자였다.

1788년, 현재의 폴란드 그단스크 지역인 단치히에서 태어났다.

아버지는 국제 무역을 하던 부유한 상인이었고, 어머니는 독일 문단에서 활동하던 지식인이었다. 그러나 아버지의 자살과 어머니와의 갈등은 그에게 일찍부터 인간 존재에 대한 불신과 고립을 남겼다.

청년 시절엔 상인의 길을 걷기 위해 유럽 여러 도시를 여행했지만, 결국 철학으로 방향을 틀었다.

칸트와 플라톤, 그리고 인도 철학(우파니샤드)의 영향을 받으며 '의지'라는 개념을 통해 세계와 인간 존재를 새롭게 해석하려 했다.

1818년, 30세에 대표작 『의지와 표상으로서의 세계』를 출간했으나, 당대의 주류 철학자 헤겔에게 가려져 오랫동안 주목받지 못했다. 그는 강단에서조차 거의 외면받았고, 강의실은 텅 비기 일쑤였다.

하지만 말년, 그의 철학은 차츰 재조명되기 시작했고 니체, 톨스토이, 바그너, 프루스트 등 후대 예술가와 사상가에게 깊은 영향을 주었다.

1860년, 72세의 나이로 조용히 세상을 떠났지만, 그가 남긴 문장들은 인간이 어떻게 고통을 통과하며 살아야 하는가에 대한 여전히 유효한 물음을 우리 앞에 던진다.

## 2. 쇼펜하우어 철학 키워드

### 의지(Wille): 세계의 근본 원리

쇼펜하우어는 세계를 움직이는 힘이 이성이나 신이 아니라, 멈출 수 없는 '맹목적 충동', 곧 의지라고 보았다.

살고자 하는 본능, 소유하려는 욕망, 계속해서 갈망하는 모든 에너지가 의지다. 이 의지가 충족되지 않기에 삶은 본질적으로 고통스럽다.

### 표상(Vorstellung): 인간이 세계를 인식하는 방식

우리가 보고 듣고 느끼는 모든 것은 '세계 그 자체'가 아니라, 우리 마음 안에서 구성된 이미지이다. 즉, 세계는 내게 주어진 것이 아니라, 나를 통해 나타나는 것이다.

'세계는 나의 표상이다'라는 그의 명제는 여기에서 출발한다.

### 고통(Schmerz): 존재의 필연

살아 있다는 건 욕망한다는 것이고, 욕망은 항상 부족과 결핍을 낳기에 고통은 삶의 구조 자체다. 쇼펜하우어는 고통을 부정하거나 극복하려 하지 않는다.

오히려 정확히 직시하고 이해하는 것에서부터 삶의 철학이 시작된다고 본다.

### 예술(Kunst): 의지를 멈추는 통로

고통에서 잠시나마 벗어날 수 있는 길로 쇼펜하우어는 예술적 관조를 제시했다.

음악, 문학, 미술 등을 통해 우리는 의지에서 벗어나 욕망 없이 대상을 바라볼 수 있다. 예술은 삶의 고통을 무화시키는 가장 순수한 순간이다.

### 연민(Mitleid): 타인과 함께 고통받는 능력

이기적인 의지를 넘어서기 위한 유일한 윤리적 감정.

타인의 고통을 공감할 수 있는 능력이야말로 가장 깊고 순수한 인간성의 증거라고 그는 믿었다. 연민은 단순한 동정이 아니라, 자기중심적 의지에서 벗어나는 시작점이다.

## 3. 『의지와 표상으로서의 세계』 요약

### 전체 구조

이 책은 총 4부(4권)로 구성되어 있으며,
각 권은 '인식 → 존재 → 예술 → 윤리'의 흐름으로 이어진다.

### 1권 | 표상으로서의 세계

우리가 보는 세계는 객관적 실체가 아니라, '나의 의식 안에서 형성된 표상(이미지)'이다. 모든 세계는 '나'의 인식을 통해서만 존재할 수 있다.

### 2권 | 의지로서의 세계

세계는 표상 그 너머에 맹목적 의지를 본질로 가진다. 모든 생명은 살아가고자 하고, 소유하고자 하며, 그 끊임없는 욕망이 곧 고통의 근원이다.

### 3권 | 예술의 역할

예술은 의지를 잠시 멈추게 하는 유일한 탈출구다. 그림, 음악, 문학 속에서 우리는 욕망 없이 세계를 관조할 수 있다. 예술은 고통으로부터의 일시적 해방을 가능하게 한다.

4권 | 윤리와 구원

삶의 고통에서 완전히 벗어나는 길은 의지를 거부하고 초월하는 것이다. 타인의 고통을 공감하고, 욕망을 최소화하며, 자기를 내려놓는 삶 속에서 인간은 윤리적 자유에 도달할 수 있다.

# 쇼펜하우어,
## 고통 속에 건네는 위로

| | |
|---|---|
| 초판 발행 | 2025년 9월 22일 초판 1쇄 |
| 지은이 | 시민K |
| 펴낸곳 | 헤르몬하우스 |
| 펴낸이 | 최영민 |
| 인쇄제작 | 미래피앤피 |
| 주소 | 경기도 파주시 신촌로 16 |
| 전화 | 031-8071-0088 |
| 팩스 | 031-942-8688 |
| 전자우편 | hermonh@naver.com |
| 등록일자 | 2015년 03월 27일 |
| 등록번호 | 제406-2015-31호 |
| ISBN | 979-11-94085-73-7 (03130) |

• 정가는 뒤표지에 있습니다.
• 헤르몬하우스는 피앤피북의 임프린트입니다.
• 이 책은 저작권자나 발행인의 승인 없이 무단 복제하여 이용할 수 없습니다.